Découvrez l'histoire par les archives de presse

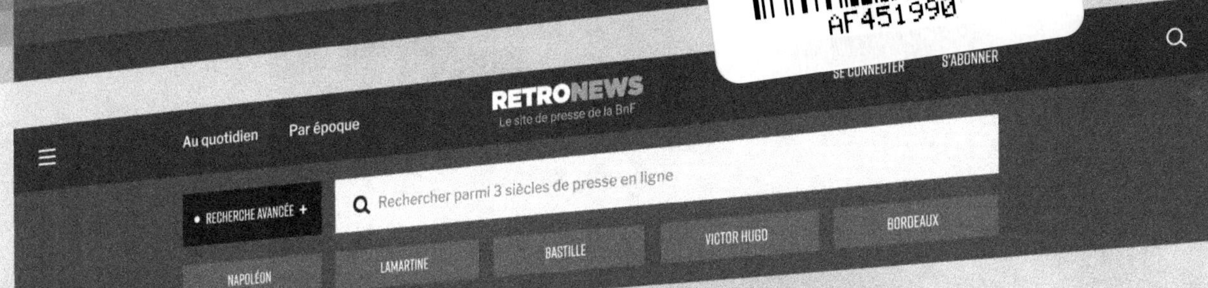

RETRONEWS

Le site de presse de la BnF

www.retronews.fr

ERRATA

<table>
<tr><td>Pages.</td><td>Lignes.</td><td></td></tr>
<tr><td>4</td><td>26</td><td>Au lieu de : à la Société ou acquises par ellf. lisez : elle.</td></tr>
<tr><td>16</td><td>11</td><td>Au lieu de : soi à un prix modéré, lisez : soit à un prix modéré.</td></tr>
<tr><td>25</td><td>33</td><td>Les ambassadeurs de Siam à Quimper, ajoutez : par Trévédy.</td></tr>
<tr><td>25</td><td>34</td><td>Thèse illustrée du collège des Jésuites à Quimper, ajoutez : par Trévédy.</td></tr>
<tr><td>29</td><td>34</td><td>Au lieu de : Achéologique, lisez : Archéologique.</td></tr>
<tr><td>31</td><td>23</td><td>Au lieu de : Amour de Dieu, lisez : Amourdedieu.</td></tr>
<tr><td>38</td><td>3</td><td>Au lieu de : la Rouerïe, lisez : la Rouërie.</td></tr>
<tr><td>42</td><td>33</td><td>Au lieu de : Dr Lemoine, I, B. 1861, IV, B. 51, lisez : I, 1861, 4ème B. 51, c'est-à-dire : Tome 1er, année 1861, 4ème bulletin, page 51.</td></tr>
<tr><td>48</td><td>12</td><td>A. Grenot, X, 304; les trois planches silex éclatés ne s'appliquent pas à ce travail, celles auxquelles renvoie le mémoire ne figurent pas au volume.</td></tr>
<tr><td>50</td><td>13</td><td>Au lieu de : Menhir-autel de Kerrus, lisez : de Kernus.</td></tr>
<tr><td>61</td><td>10</td><td>Au lieu de : Marquis de Lestourbeillon, lisez : de l'Estourbeillon.</td></tr>
<tr><td>61</td><td>31</td><td>Forts vitrifiés de la Creuse, au lieu de : IV, B. 39, lisez : V, B. 39.</td></tr>
<tr><td>67</td><td>13</td><td>Adieux à la Bretagne, au lieu de : poésie Gallois et Français, IV, 16, lisez : poésie, Gallois et Français IV. annexes, 16.</td></tr>
<tr><td>70</td><td>14</td><td>Geslin de Bourgogne, ajoutez : père.</td></tr>
<tr><td>75</td><td>31</td><td>Sur le système féodal du Vème siècle, ajoutez : au XIIIème siècle.</td></tr>
<tr><td>76</td><td>20</td><td>Au lieu de : l'Armorique, lisez : l'Amérique.</td></tr>
<tr><td>107</td><td>29</td><td>Au lieu de : (manque I. II et III incomplets), lisez : (manque T. II ; I et III incomplets).</td></tr>
<tr><td>108</td><td>16</td><td>Un essai de socialisme, ajoutez : 1793, 1794. 1795.</td></tr>
<tr><td>116</td><td>13</td><td>Au lieu de : habitation de l'âge de bronze, lisez : du bronze.</td></tr>
<tr><td>119</td><td>8</td><td>Au lieu de : causes de toutes les crises, lisez : cause.</td></tr>
</table>

Société d'Émulation des Côtes-du-Nord

TABLES

TABLES GÉNÉRALES

DES

COMPTES-RENDUS, BULLETINS ET MÉMOIRES

Publiés par la Société d'Émulation

depuis sa fondation, le 31 janvier 1861, jusqu'au 31 décembre 1895.

CATALOGUE DES PUBLICATIONS

Déposées à la Bibliothèque de la Société d'Émulation

SAINT-BRIEUC

IMPRIMERIE FRANCISQUE GUYON, LIBRAIRE-ÉDITEUR

Rues Saint-Gilles, 4, et de la Préfecture. 18

1896

ORDRE SUIVI

Pages.

STATUTS DE LA SOCIÉTÉ D'ÉMULATION

Approuvés par Arrêté Ministériel du 14 Mai 1866.   5

RÈGLEMENT POUR LES PUBLICATIONS   8

I. Table des volumes et concordance des tomes avec l'année de leur publication   9

ÉTAT A NOTRE BIBLIOTHÈQUE DES 33 VOLUMES RENFERMANT LES BULLETINS ET MÉMOIRES DE LA SOCIÉTÉ D'ÉMULATION   16

II. Table alphabétique des chapitres dans lesquels sont distribués les travaux, avec l'intitulé des planches qui y sont annexées   17

AGRICULTURE, ÉCONOMIE AGRICOLE, MÉDECINE VÉTÉRINAIRE   17

ARCHÉOLOGIE   20

BEAUX-ARTS, PEINTURE, MUSIQUE, ARCHITECTURE   23

BIBLIOGRAPHIES, COMPTES-RENDUS DES OUVRAGES REÇUS.   24

BIOGRAPHIES, HAGIOGRAPHIES   26

CONCERTS, SOIRÉES MUSICALES   27

DISCOURS, ALLOCUTIONS   28

ÉPIGRAPHIE, NUMISMATIQUE, GÉNÉALOGIE, BLASON   30

GÉNÉRALITÉS, FAITS DIVERS   31

GÉOGRAPHIE, VOYAGES   33

GRAMMAIRE, LINGUISTIQUE, ENSEIGNEMENT   34

HISTOIRE   35

INDUSTRIE, COMMERCE, ÉCONOMIE SOCIALE   38

LÉGISLATION   38

LITTÉRATURE, POÉSIES   39

	Pages.
MÉDECINE, ANTHROPOLOGIE	42
MÉTÉOROLOGIE	44
NÉCROLOGIE	45
PHILOSOPHIE, SCIENCES MORALES	46
RECHERCHES PRÉHISTORIQUES, FOUILLES, TROUVAILLES	47
SCIENCES MATHÉMATIQUES, PHYSIQUES, NATURELLES	54

III. Table alphabétique des noms des auteurs avec le titre de leurs travaux 57

IV. Table des planches de l'album des trésors archéologiques de l'Armorique occidentale 93

CATALOGUE DES PUBLICATIONS DÉPOSÉES A LA BIBLIOTHÈQUE

	Pages.
Publications officielles	97
MINISTÈRE DE L'AGRICULTURE	97
MINISTÈRE DE L'INSTRUCTION PUBLIQUE, MUSÉE GUIMET	98
MINISTÈRE DE LA MARINE ET DES COLONIES	99
MINISTÈRE DU COMMERCE	100
MINISTÈRE DES TRAVAUX PUBLICS	100
INVENTAIRE DES ARCHIVES DÉPARTEMENTALES — des Côtes-du-Nord	100
— du Finistère	100
— d'Ille-et-Vilaine	100
— de la Loire-Inférieure	100
— du Morbihan	100
SOCIÉTÉS FRANÇAISES CORRESPONDANTES	100
SOCIÉTÉS CORRESPONDANTES ÉTRANGÈRES	103
PUBLICATIONS OFFERTES A LA SOCIÉTÉ OU ACQUISES PAR ELLE	104

STATUTS

DE LA

SOCIÉTÉ DÉMULATION DES COTES-DU-NORD

Approuvés par arrêté Ministériel du 14 mai 1866

TITRE Iᵉʳ.

But et Mode d'Action.

ARTICLE 1ᵉʳ. — La Société départementale d'Émulation des Côtes-du-Nord est fondée pour provoquer, soutenir, étendre les efforts de tous les hommes qui, dans le département, cultivent les Sciences, les Lettres ou les Arts, et appeler *le plus grand nombre possible à en recueillir les bienfaits.*

ART. 2. — Ses travaux pourront porter sur les diverses branches des connaissances humaines, sans *jamais mettre en discussion la Religion ni les Institutions de la France.*

Tout en suivant le mouvement général de la science, la Société s'efforcera surtout d'en rechercher les applications aux besoins moraux et matériels du département.

ART. 3. — Elle poursuivra son but par des assemblées, des publications, des encouragements, des expériences et tous autres moyens à sa disposition.

ART. 4. — Les séances sont mensuelles. Tous les sujets traités devront être approuvés par la Direction. Les lectures ne pourront dépasser *vingt-cinq* minutes. Les travaux plus étendus seront répartis entre plusieurs séances, ou présentés soit par extrait, soit par analyse.

Art. 5. — Tout membre a le droit de faire une proposition à la Société, à la condition que cette proposition ne soit pas contraire aux présents Statuts et qu'elle ait été communiquée par écrit à la Direction, au moins *huit* jours à l'avance.

Après examen, la Direction sera tenue de porter cette proposition à la connaissance de la Société, en donnant son avis motivé sur l'opportunité ou sur le rejet dont cette proposition lui paraîtra susceptible.

En cas de contestations, le vote définitif n'aura lieu qu'à la séance suivante.

Art. 6. — Les publications, toujours réglées par la Direction sur les ressources de la Compagnie, seront distribuées à tous les membres. Elles se composeront de deux parties : le Résumé des séances, et les Mémoires. Elles formeront, chaque année, un volume, ou au moins un fascicule.

Art. 7. — La société se tiendra en relation avec le plus grand nombre possible de Compagnies savantes. Elle s'efforcera particulièrement de suivre l'impulsion donnée par le Comité de l'Instruction publique.

TITRE II.

Organisation et Administration

Art. 8. — La Société est placée sous le patronage de M. le Ministre de l'Instruction publique.

Art. 9. — Pourra en faire partie toute personne qui, ayant été présentée par deux membres *en dehors du Conseil de la Direction,* aura été admise par ce Conseil, se soumettra aux Statuts et acquittera la rétribution annuellement votée. Les nouveaux membres seront proclamés en séance.

Art. 10. — Les cotisations seront mises en recouvrement au commencement de l'année. Les Sociétaires qui, à la fin du premier trimestre, n'auraient pas acquitté leur cotisation, pourraient être rayés.

La liste rectifiée des membres de la Compagnie sera publiée tous les ans.

ART. 11. — Sur la proposition faite en séance particulière par la Direction, la Société pourra décerner, en séance générale, le titre de MEMBRE D'HONNEUR aux hommes qui auront rendu d'éminents services à la Compagnie ou au département.

ART. 12. — La Société aura trois Présidents d'honneur : le Préfet des Côtes-du-Nord, Mgr l'Évêque de Saint-Brieuc et Tréguier, le Recteur de l'Académie.

Ils seront tenus au courant de la marche de la Société, et, autant que possible, présideront les séances générales.

ART. 13. — Chaque année, la Direction désignera comme Correspondants des hommes qui se rendent utiles à la Compagnie. Ils jouiront des avantages faits aux Sociétaires, sans être astreints à aucune rétribution.

ART. 14. — La Société est administrée par un Président, assisté d'un Trésorier et d'un Secrétaire-général archiviste. Ils seront nommés pour trois ans, à la majorité absolue des membres présents.

ART. 15. — Chaque année, une séance administrative se tiendra au mois de janvier.

Le Trésorier soumettra à l'assemblée ses comptes vérifiés par le Conseil de la Direction. Le Président présentera ensuite le budget.

Tout projet de modification dans la marche de la Société, signé par dix membres et communiqué à la Direction avant le 15 décembre, sera discuté dans cette séance.

ART. 16. — Dans la même séance seront élus, à la pluralité des voix, les Vice-Présidents et les Secrétaires. Ils formeront le Conseil de la Direction, qui se réunira sur la convocation du Président.

ART. 17. — Tout Membre du Conseil, qui manquerait à trois séances sans causes légitimes, pourrait être déclaré démissionnaire par le Conseil et remplacé par la Société.

ART. 18. — Le Président pourra désigner temporairement un adjoint pour venir en aide à l'un des membres du Conseil.

ART. 19. — La Direction nommera les diverses commissions. Elles seront présidées par le Président de la Société ou son délégué.

ART. 20. — La Société d'Émulation pourra se subdiviser en sections, qui seront présidées par les Vice-Présidents, et qui auront pour secrétaires les Secrétaires de la Société.

RÈGLEMENT POUR LES PUBLICATIONS

Les trois membres de la Direction constituent seuls le comité de publication de la Société d'Émulation, mais ils peuvent, s'ils le jugent nécessaire, s'adjoindre quelqu'autre membre pour un travail déterminé.

La société n'accepte que des travaux absolument inédits.

Les auteurs des travaux publiés *in extenso* soit dans les bulletins, soit dans les mémoires recevront de droit vingt-cinq exemplaires d'un tirage à part desdits travaux portant en caractères très apparents en tête de la première page la mention : « Extrait des (*bulletins ou mémoires*) de la Société d'Émulation des Côtes-du-Nord pour l'année.... »

Dans le cas où ils désireraient, soit une couverture de couleur avec titre imprimé, soit un nombre plus considérable d'exemplaires, ils traiteront directement pour le prix avec l'imprimeur de la société.

La réception des exemplaires de ces tirages à part emporte de la part des auteurs *l'engagement d'honneur* de n'en exposer ni mettre aucun en vente, qu'un mois au plus tôt après la distribution aux sociétaires du bulletin ou du volume renfermant ces travaux.

La Société d'Émulation n'accepte en rien la responsabilité des opinions ou des faits énoncés par les auteurs dans leurs écrits.

I

TABLE DES VOLUMES

et concordance des tomes avec l'année de leur publication.

———————

Quoique cette table ne soit qu'un simple sommaire, on a cru devoir y faire figurer les évènements et les travaux qui ont particuliérement marqué dans l'histoire de la Société — *Le chiffre romain* désigne le tome, il est suivi du millésime de l'année dans laquelle il a été publié; *les chiffres arabes* qui suivent les énonciations de cette table sont les numéros des pages du volume.

I 1861 Bulletin N° 1, févr., p° 1 à 15.

Règlement provisoire de la Société et programme des questions mises à l'étude.

A la première séance, le 31 janvier 1861, sont élus: Président, M. Geslin de Bourgogne ; *Secrétaire général,* M. Lamare ; *Trésorier,* M. du Cleuziou.

1861 Bulletin N° 2, avril,   1 à 39   Sommaire p° 40.
1861 Bulletin N° 3, septembre, 1 à 30 }
1861 Bulletin N° 4, décembre, 33 à 79 } Sommaire des deux bulletins p° 80.
1862 Bulletin unique.   3 à 52 }
1863   Id.   3 à 36 } Sommaire de chacun de ces bulletins au
1864   Id.   3 à 60 } verso de leur couverture.

Ce volume renferme quatre années et ne contient que les comptes-rendus ou analyses des séances : les sommaires y tiennent lieu de table,

II (*) 1865 Primitivement numéroté *premier volume*, étant le premier où ont été publiés des mémoires *in-extenso*.

Comptes-rendus parmi lesquels ceux des conférences agricoles données pendant le **Concours régional tenu à Saint-Brieuc en mai 1865 ; 1 à 222.**

Table des comptes-rendus ; 223.

Mémoires dont plusieurs lus les années précédentes ; 1 à 302.

Table des mémoires ; 303.

Table des planches au nombre de huit, dont deux doubles ; 304.

III 1866 Primitivement numéroté *deuxième volume*.

Bulletins ; 1 à 163.

Statuts de la Société d'Émulation des Côtes-du-Nord approuvés par décision ministérielle du 14 mai 1866 ; 1 à 5.

Table des bulletins ; 165.

Mémoires dont plusieurs lus lors du concours de 1865 ; 3 à 252.

Tableau récapitulatif de vingt-neuf années d'observations météorologiques par **M. Marée** ; 253.

Table des mémoires ; 255.

IV 1867 **Congrès celtique international tenu à Saint-Brieuc en 1867.**

Comptes-rendus des séances ; 1 à 130.

Mémoires ; 133 à 378.

Tableau des alphabets des dialectes bretons, cornouaillais (Angleterre), gallois ; 253.

Carte du département des Côtes-du-Nord établissant par canton la proportion des conscrits réformés pour défaut de taille : 361.

Table comprenant à la fois les comptes-rendus et les mémoires ; 379.

Annexes aux mémoires (pagination spéciale) : 1 à 135.

Table spéciale des annexes ; 137.

V 1867 Bulletins ; 1 à 76.

Mémoires ; 3 à 85.

(*) A partir du tome II, sauf de très rares exceptions, dans chaque volume il y a deux paginations, l'une pour les bulletins ou comptes-rendus, l'autre pour les mémoires, quelquefois même une troisième lorsqu'il y a des annexes ou appendices.

Table des bulletins et mémoires ; 87.
Recherches sur les voies romaines du département des Côtes-du-Nord, par **M. Gaultier du Mottay**, avec une carte où elles sont tracées ; 1 à 186.
Table des voies romaines ; 187.

VI 1868 Instruction pour la conservation des monuments dans les Côtes-du-Nord, et questionnaire ; 3 à 24.
Bulletins ; 25 à 104.
Mémoires ; 1 à 39.
Table des bulletins et mémoires ; 41.

VII 1869 Bulletins ; 3 à 121.
Mémoires ; 3 à 84.
Table des bulletins et mémoires ; 85.

VIII 1870 et 1871 Bulletins ; 1 à 152.
Mémoires ; 1 à 76.
Table des bulletins et mémoires ; 78.
5 planches.

IX 1872 **Congrès scientifique de France (38ᵉ session) tenu à Saint-Brieuc du 1ᵉʳ au 10 juillet 1872**.
Programme des questions posées par la Direction ; IX à XVII.
Comptes-rendus ; 3 à 270.
Bibliographie des ouvrages offerts au congrès ; 270.
Table des compte-rendus ; 279.

X 1872 Mémoires lus au même congrès ; 1 à 604.
Table des mémoires ; 605.
6 planches et une carte des *civitates* de la Péninsule armoricaine au Vᵉ siècle, par **A. Longnon**.

XI 1873 et 1874 Bulletins ; 1 à 94.
Mémoires ; 1 à 276.
Table des bulletins et mémoires ; 277.
13 planches, dont une double.

XII 1874 et 1875 Bulletins ; 1 à 70.
Mémoires ; 1 à 136.
Table des bulletins et mémoires ; 137.

XIII 1876 Bulletins ; 1 à 176.
Diplôme d'honneur envoyé à la Société d'Emulation par l'Athénée oriental ; 9.

1ʳᵉ médaille décernée à la Société d'Emulation au Concours des Sociétés savantes à la Sorbonne ; 9.
Mémoires ; 1 à 318.
Table des bulletins et mémoires ; 319.
1 planche.

XIV 1877 Bulletins ; 1 à 62.
Mémoires ; 1 à 266.
Table générale des mémoires contenus dans les quatorze premiers volumes de la Société ; 267.
Catalogue des ouvrages compris dans la bibliothèque de la Société ; 279.
Table des bulletins et mémoires ; 285.
11 planches.

XV 1878 Bulletins ; 1 à 54.
Le 26 janvier 1878, **M. de La Chénelière** *est élu Président de la Société en remplacement de M. Geslin de Bourgogne, décédé ;* 1.
Mémoires ; 1 à 252.
Table des bulletins et mémoires ; 253.
11 planches.

XVI 1879 Bulletins ; 1 à 41.
Mémoires ; 1 à 130.
Table des bulletins et mémoires ; 131.
1 planche.

XVII 1880 Bulletins ; 1 à 53.
Mémoires ; 1 à 231.
Inventaire des monuments mégalithiques des Côtes-du-Nord par **M. de La Chénelière** ; 85 à 171.
(Un deuxième inventaire a été publié par le même en 1884, il ne figure pas aux volumes, mais seulement dans un tirage à part qui existe à notre bibliothèque) ; 1 à 37.
Table des bulletins et mémoires ; 233.
10 planches.

XVIII 1881 Etude sur les Celtes et les Gaulois, par **M. Lemière,** 1 à 572.
Table géographique des lieux cités dans cette étude, par **M. de La Chénelière** ; 573 à 608.
Table analytique des matières du même ouvrage ; 611 à 618.

(Différents chapitres de cette étude avaient déjà figuré
dans les volumes précédents : tome X, p⁰ 309 à
372 ; tome XI, p⁰ 216 à 276 ; tome XIII, p⁰ 83
à 146).

1 planche spécimen de la publication des trésors
archéologiques de l'Armorique occidentale.

XIX　　1881 Bulletins ; 3 à 30.

Mémoires ; 1 à 182.

Tables des bulletins et mémoires ; 183.

1 planche.

XX　　1882 Bulletins ; 3 à 16.

Mémoires ; 1 à 69.

Table des bulletins et mémoires ; 71.

2 planches.

XXI　　1883 Bulletins ; 1 à 33.

Mémoires ; 1 à 150.

Inventaire des épées et poignards de bronze trouvés
dans les cinq départements de Bretagne, dressé
par **MM. Victor Micault** et **du Dréneuc de
Lisle** ; 124 à 150.

Table des bulletins et mémoires ; 151.

5 planches et 8 tableaux dont 2 doubles récapitu-
latifs pour les épées et poignards.

XXII　　1884 Bulletins ; 3 à 52.

Le 24 avril, **M. Lamare** *est élu Président de la
Société en remplacement de M. de La Chênelière,
démissionnaire ;* 17.

Mémoires. — Histoire de la ville de Saint-Brieuc, par
M. Jules Lamare ; 1 à 393.

Table des bulletins et mémoires ; 395.

XXIII　　1885 Bulletins ; 3 à 88.

Le 15 juin 1885, **M. le colonel de Seré** *est élu
Président de la Société en remplacement de
M. Lamare, décédé ;* 66.

Mémoires ; 1 à 148.

Table des bulletins et mémoires ; 149.

XXIV　　1886 Bulletins ; 3 à 40.

Mémoires ; 1 à 275.

Table des bulletins et mémoires ; 277.

XXV 1887 Bulletins : 3 à 30.

Le 17 décembre 1887, **M. le commandant Jules Geslin de Bourgogne** *est élu Président de la Société en remplacement de M. le colonel de Seré, démissionnaire ;* 29.

Mémoires ; 1 à 290.

Table des bulletins et mémoires ; 291.

1 planche.

XXVI 1888 Bulletins : 3 à 80.

Mémoires ; 3 à 342.

Table des bulletins et mémoires ; 343.

1 planche.

Annexes (pagination spéciale). — Conférences et mémoires à l'occasion du **Concours pomologique tenu à Saint-Brieuc les 24, 25 et 26 octobre 1888** (pas de table) ; 1 à 47.

1 planche.

XXVII 1889 Bulletins ; 3 à 87.

Médaille décernée à la Société d'Emulation à l'Exposition universelle de 1889 ; 48.

Mémoires : 3 à 225.

Table des bulletins et mémoires ; 227.

7 planches.

XXVIII 1890 Bulletins ; 1 à 95.

Mémoires ; 1 à 344.

A travers le vieux Saint-Brieuc (1ere partie), par **M. Arthur du Bois de La Villerabel ;** 285-344.

Table des bulletins et mémoires (quelques erreurs d'impression dans le numérotage des pages de la table du tome XXVIII) ; 343.

6 planches.

XXIX 1891 Bulletins ; 1 à 125.

Mémoires ; 1 à 347.

A travers le vieux Saint-Brieuc (2eme partie), par **M. Arthur du Bois de La Villerabel ;** 1 à 82.

Table des bulletins et mémoires ; 349.

XXX 1892 Bulletins ; 1 à 67.

Mémoires ; 1 à 212.

Table des bulletins et mémoires ; 243.

3 planches.

XXXI   1893 Bulletins ; 1 à 82.

Le 28 décembre 1893, **M. le vicomte Charles de Lorgeril,** *ancien député, est élu Président de la Société, en remplacement de M. le commandant Geslin de Bourgogne, démissionnaire ;* 79.

Mémoires ; 1 à 217.
Table des bulletins et mémoires ; 219.
1 planche.

XXXII   1894 Bulletins ; 3 à 108.
Mémoires ; 1 à 246.
Table des bulletins et mémoires ; 247.
2 planches.

XXXIII 1895 Bulletins ; 1 à 139.
Mémoires ; 1 à 262.
Table des bulletins et mémoires ; 263.
3 planches dont 1 double.

ÉTAT

à notre bibliothèque des 33 volumes renfermant les bulletins et mémoires de la Société d'Émulation.

1° Réservés pour notre collection : Tomes 3, 5, 6, 7, 8, 11, 12, 13, 15, 18, 20, 29 ;

2° N'existant qu'en un petit nombre d'exemplaires : Tomes 1 (année 1861 seulement), 10, 14 (en feuilles), 16, 17, 24 (bulletins incomplets), 28 ;

3° Existant en assez grand nombre : Tomes 2, 4, 9, 19, 21, 22, 23, 25, 26, 27, 30, 31, 32, 33.

La Société acquérerait volontiers, soit par voie d'échanges, soit à un prix modéré, ceux de ces volumes dont elle n'a que de rares exemplaires, elle cèderait au contraire ceux dont elle a un nombre plus considérable.

Ces acquisitions ou échanges et la vente des volumes dont elle peut disposer seront négociées directement avec le bibliothécaire-archiviste qui a reçu mandat à cet effet.

TABLE ALPHABÉTIQUE DES CHAPITRES

Dans lesquels sont distribués les travaux publiés dans les trente-trois premiers volumes de la Société (1861-1895) avec le sommaire des planches qui y sont annexées.

Dans chacun des chapitres, les travaux se suivent conformément à l'ordre chronologique de leur publication par volume. Le nom des auteurs est inscrit en caractères gras, le numéro du tome en *chiffres romains*, celui de la page en *chiffres arabes*. La lettre B précédant le numéro de la page signifie que le travail doit être recherché aux *Bulletins* ; à défaut de cette lettre, c'est aux *Mémoires* qu'il figure.

AGRICULTURE

Economie agricole, Médecine vétérinaire.

L'équilibre entre la production et l'exportation des bestiaux dans les Côtes-du-Nord, **Discussion**, I (1861), 2ème B. 13.

La dépopulation des campagnes, I (1861), 3ème B. 20.

Étude sur les classes agricoles au Moyen-Age. **Geslin de Bourgogne**, I (1861), 4ème B. 54.

Culture du lin dans les Côtes-du-Nord, **Discussion**, I (1861), 4ème B. 57.

Congrès agricole de 1865, séance préparatoire, historique du projet, programme des questions à traiter, **Société d'Émulation**, II, B. 15.

Examen d'un engrais à base phosphorique, **Dr Prod'homme**, II, B. 60.

Conférences faites au Congrès :
Le 30 avril 1865 : Céréales, II, B. 79 ;
Le 1ᵉʳ mai 1865 : Plantes textiles, II, B. 90.
Le 2 mai 1865 : Bétail, II, B. 97.
Le 3 mai 1865 : Industrie chevaline, II, B. 105.
        Id.   Engrais, II, B. 125.
Le 5 mai 1865 : Enseignement agricole, II, B. 137.
Le 16 juin 1865 : Chemins vicinaux, II, B. 145.
        Id.   Landes, II, B. 158.
        Id.   Reboisement, II, B. 165.
Le 1ᵉʳ juillet 1865 : Résumé des votes du Congrès, II, B. 169.
Note sur les défrichements à Saint-Jacut-du-Mené, **Ed. Vivier**, II, 39.
Réflexions sur l'enseignement agricole, **J.-L. Bahier**, II, 83.
Observations sur la loi de 1861 relative aux céréales, **Em. Depasse**, III, 1.
Mémoire sur les céréales, **V. Kersanté**, III, 8.
Réflexions sur la question du bétail, **de la Morvonnais**, III, 30.
Rapport sur les écrits de M. Tanguy, race chevaline, **Albert Geslin de Bourgogne**, III, 35.
Emploi de la chaux en agriculture dans la montagne, **Dʳ A. Racinet**, III, 39.
De l'œstre du cheval, **H. Hamon**, III, 59.
Compte-rendu des vœux émis par la Commission d'agriculture, **Thiérot**, V, B. 47.
Du horse-pox des chevaux, **H. Hamon**, V, 3.
Mémoire résumant les expériences sur l'engrais Georges Ville, **Dʳ Racinet**, VI, 24.
Rapport sur les vœux de la Commission Agricole, **Thiérot**, VII, B. 65.
Du bétail au point de vue alimentaire, industriel et agricole, **Bahier**, VIII, B. 40.
Réponses aux questions de la section d'Agriculture de la Commission d'enquête parlementaire, **Gaultier de Kermoal**, VIII, B. 101.
Congrès Scientifique de France, section d'Agriculture. Discours d'ouverture, **L. de Kerjégu**, IX, 25.
Étude du cysticerque celluleux du porc et du ver solitaire chez l'homme, **Tanguy**, IX, 159.
Du progrès agricole en Bretagne, **Kersanté**, X, 131.
De l'emploi et des effets des engrais chimiques en Bretagne, **Lechartier**, X, 140.
De l'emploi et des effets des engrais chimiques dans les terres arables de Bretagne, **Dʳ Racinet**, X, 148.

Les engrais chimiques et les landes de Bretagne, **A. Le Bellec**, X, 157.

Sikérologie ou fabrication du cidre, **Abbé Tostivint**, X, 165.

Étude comparative sur le métayage et le fermage, **Bahier**, X, 180.

Des prairies et des foins, **Colonel Clarinval**, X, 185.

De la peste bovine ou typhus contagieux des bêtes à cornes, **Constantin**, X, 223.

Note sur des strongles géants, **H. Hamon**, XI, B. 23.

Rapport sur la session de la Société des Agriculteurs de France, **Kersanté**, XI, 193.

Doryphora ou Colorado, coléoptère de la pomme de terre, **Ministère de l'Agriculture**, XIV, B. 49.

De l'introduction de la culture de la betterave à sucre dans les Côtes-du-Nord, **E. Micault**, XIV, 195.

Rapport sur le Concours régional de Laval, **Kersanté**, XVI, B. 18.

Note à propos des recherches de M. Pasteur sur le choléra des poules, **Dr Leuduger Fortmorel**, XVII, B. 9.

Rapport sur le Concours régional de Rennes (Agriculture) **Alb. Geslin de Bourgogne**, XVII, B. 16.

Des engrais phosphatés, **Cuziat**, XVII, 39.

La vaccination charbonneuse, **Pasteur**, XIX, B. 17.

De l'influence de l'épine-vinette sur les céréales, **Cuziat**, XX, 27.

Proposition de formation d'un groupe agricole parmi les membres de la Société, **E. Micault**, XXII, B. 49.

Rapport sur le Concours projeté pour 1885, Programme, **G. Limon**, XXIII, B. 7.

Le Cours commercial des engrais, **Limon**, XXIII, B. 47.

Concours agricole ouvert par la Société d'Émulation dans les Côtes-du-Nord, **E. Micault**, XXIII, 116.

Encouragements à l'agriculture en 1887, **E. Micault**, XXV, 276.

Champ de démonstration de Robien, **Vallet**, XXV, 281.

Réunion des délégués des Associations agricoles à Paris, **Bahezre de Lanlay**, XXVI, B. 22.

Encouragements donnés à l'agriculture en 1888, **E. Micault**, XXVI, B. 73.

Concours pomologique, conférences et mémoires. **Supplément au Tome XXVI** (*pagination spéciale*).

La crise agricole, **Ch. Carmejeanne**, XXVI, 1.

L'agriculture actuelle des Côtes-du-Nord et les progrès réalisables, **Vallet**, XXVI, 23.

Météorologie des phénomènes ruraux. **J.-A. Le Coz**, XXVI, 30.

Les citernes à cidre, **Limon**, XXVI, 36.
>   1 planche : Plan et coupe d'une citerne à cidre.

Les amendements calcaires en Armorique avant le Xème siècle, **De Keranflec'h de Kernezne**, XXVII, 64.

Rapport sur les expériences poursuivies par la Commission d'Agriculture en 1889, **E. Micault**, XXVII, 219.

Rapport sur les expériences poursuivies par la Commission d'Agriculture en 1890, **E. Micault**, XXVIII, 267.

La démocratie agricole et le dégrèvement de l'impôt foncier, **Vte de Lorgeril**, XXIX, B. 57.

Rapport sur les expériences poursuivies par la Commission d'Agriculture en 1891, **E. Micault**, XXIX, 334.

Rapport sur les expériences poursuivies par la Commission d'Agriculture en 1892, **E. Micault**, XXX, 207.

Rapport sur les expériences poursuivies par la Commission d'Agriculture en 1893, **E. Micault**, XXXI, 213.

La Pomologie, **Frère Abel**, XXXII, B. 39.

Maladies contagieuses des animaux, **Ripert**, XXXII, B. 62.

Du mouvement syndical agricole en France et dans les départements de Bretagne, **Tortelier**, XXXII, B. 74.

Concours d'enseignement agricole de 1894, **Distribution des récompenses**, XXXII, B. 82.

Les haras de Bretagne au XVIIIème siècle, **De La Lande de Calan**, XXXII, 173.

De l'industrie laitière en Bretagne, **Cte de Laubier**, XXXII, 185.

Une question de zootechnie agricole, le Porc, **Boby de la Chapelle**, XXXIII, 46.

ARCHÉOLOGIE

Église Saint-Jacques, à Saint-Léon en Merléac, **J. Geslin de Bourgogne**, II, 1.

Substructions gallo-romaines, découvertes près le bourg de Caulnes, **Gaultier du Mottay**, II, 31.
>   2 planches : 1. Plan des substructions gallo-romaines de Caulnes.
>   2. Détail de la plate-forme d'un des appartements de la villa gallo-romaine.

Fouilles exécutées au camp de Péran, discussion, **J. Geslin de Bourgogne**, III, 49.

La légende de saint Budoc et de sainte Azénor, **A. de Barthélemy**, III, 235.

Comptes-rendus des séances du Congrès Celtique, IV, B. 1 à 30.

Note sur les forts vitrifiés de la Creuse, **De Cessac**, V, B. 39.

Saint-Caradec et son ancien monastère, **Abbé Audo**, V, 11.

Coup d'œil sur les monuments des Côtes-du-Nord, **J. Geslin de Bourgogne**, V. 20.

Recherches sur les voies romaines du département des Côtes-du-Nord. **Gaultier du Mottay**, V, 1 à 185 (*).

    1 carte du département avec l'indication des voies romaines.

Instruction donnée par la Société d'Émulation pour la conservation des monuments des Côtes-du-Nord, VI, B. 3.

Note sur la verrière de Langast, près Lannion, **J. Geslin de Bourgogne**, VI, B. 65.

Observation à propos des recherches faites par Henri Martin sur « le mystère des Bardes de l'Ile de Bretagne », **P. Huguet**, VII, B. 69.

Note sur les verrières de La Ferrière, St-Lubin, Quemper-Guézennec, et Lan-Salaün, **J. Geslin de Bourgogne**, VII, B. 76.

Compte-rendu des travaux lus à la Sorbonne en 1868, **J. Geslin de Bourgogne**, VII, B. 86.

Dinan (notes archéologiques et historiques), **J. Geslin de Bourgogne**, VIII, 19.

    2 planches : 1. Plan de Dinan et de ses fortifications (1746).
             2. Plan du château de Dinan (1775), signé d'Aiguillon.

Fouilles au Haut-Bécherel, en Corseul, en 1868 et 1869, **Fornier**, VIII, 3.

    1 planche : Plan des ruines romaines du Haut-Bécherel.

Enceintes vitrifiées camp de Péran, **Colonel Prévost**, X. 281.

    1 planche : Camp vitrifié de Péran.

Notice sur le camp vitrifié de Péran, **Mazellier**, X, 295.

Les églises rondes, **Adolphe de Dion**, X, 460.

Note sur la chapelle Saint-Gonéry, en Plougrescant. **Gaultier du Mottay**, XI, B. 41.

Camp retranché de Duretal (Côtes-du-Nord), **J. Geslin de Bourgogne**, XI, 34.

    1 planche : Plan du camp retranché.

(*) Ce travail publié en appendice au tome V a une pagination spéciale.

Caractères propres aux fortifications normandes, **Clouet**, XI, 43.

Observations sur une tête de Mastodonte, **V. Micault**, XII, B. 21.

Etude sur un manuscrit relatif à la canonisation de saint Yves, **Abbé Daniel**, XIV, B. 28.

Compte-rendu d'un mémoire de M. Cassagné, sur les fortifications gauloises dans le Lot, **Le Coz**, XIV, B. 45.

Caractères des sépultures Mérovingiennes, **Ernoul de la Chénelière**, XIV, B. 47.

Note sur une découverte de constructions et d'armes gauloises à la pointe de Lessart près de Dinan, **Mazellier**, XIV, 172.

Note sur un lingot des premiers âges du fer, **Droguet**, XIV, 209.

1 planche : Objets des premiers âges du fer.

Métallurgie du fer dans l'antiquité, **V. Micault**, XIV, 220.

Compte-rendu de la 16ème session des Sociétés savantes à la Sorbonne, **D'Auriac**, XV, B. 26.

Notes sur Dinan, **Le Sage**, XV, B. 30.

Des foyers dans les églises, **Abbé France**, XV, 39.

Ruines romaines découvertes à la Grand'Ville (Hillion), **Ernoul de la Chénelière**, XV, 141.

Examen des peintures trouvées dans les ruines romaines de la Grand'-Ville, **V. Micault**, XV, 150.

Notes sur une découverte de ruines romaines à Plancoët, **L. Ollivier**, XXIII, B. 37.

Enceintes gauloises de la Ville-Pichard, en Pléneuf, **E. Fornier**, XXV, 250.

1 planche : Plan des enceintes.

Découverte et exploration d'une station gauloise et d'un camp romain sur la rive gauche du Goayen (Finistère), **H. Le Carguet**, XXVIII, 33.

4 planches : 1. Plan d'ensemble de la station et du camp.
2. Coupe de la station.
3. Plan et coupe du camp.
4. Objets en bronze trouvés dans la station.

Notice sur les retranchements et la tirelire de Saint-Gilles-Vieux-Marché, **De Keranflec'h de Kernezne**, XXVIII, 170.

1 planche : Plan et objets découverts.

La Troie d'Homère et le camp de Péran, **Lionel Bonnemère**, XXIX, B. 27.

Etablissement romain de Troguer, en Cléden, **Du Chatellier**, XXIX, 206.

Les origines du monde. L'homme avant notre ère, par le **baron Halna du Frétay** (analyse), **Ch. Carmejeanne**, XXXI, B. 34.

Archives des châteaux des Côtes-du-Nord. — Bonabry, **Tempier, Trévédy, Al. du Cleuziou**, XXXII, 239.

Quelques découvertes dans la rue Saint-Gilles, à Saint-Brieuc, **Anne Duportal**, XXXIII, 182.

> 1 planche : Objets découverts.

Note sur un cercueil en plomb découvert à Hillion, **De la Goublaye de Ménorval**, XXXIII, 204.

BEAUX-ARTS

PEINTURE, MUSIQUE, ARCHITECTURE

Note sur la construction des vitraux de l'église Saint-Michel. **Gaultier du Mottay**, I, 1862. 15.

Pont métallique du Guildo, **Dujardin**, I. 1864. 15.

Notice sur la construction du Phare des Triagos, **Dujardin**, II. 241.

> 2 planches : 1. Photographie du phare des Triagos.
> 2. Plan du rocher Le Guen-Braz.

Notice sur les peintures de l'église Saint-Michel, **J. Geslin de Bourgogne**, III, B. 13.

De l'Art et de l'Industrie, en Bretagne, **Rouvin**, V, B. 72.

Étude artistique, le peintre Hamon, **Commandant Perrio**, VI, B. 98.

De l'Art et de l'Industrie en Bretagne, **Rouvin**, VI, 28. 45, 60 (suite et fin).

De l'enseignement des Arts en France, **Rouvin**, VII, 3.

Étude sur Joseph Gouëzou, **Dr Lemoine**, XIII, 305.

Notes sur un voyage artistique en Italie, **Abbé Michel**, XIV, 119.

Société philharmonique, XXIII, B. 22. 68.

Nos artistes au Salon, **L. Ollivier**, XXIII. B. 61, B. 67.

Peintres et sculpteurs des Côtes-du-Nord : le sculpteur Corlay, **L. Ollivier**, XXIII, 1.

Étude sur « Trente Mélodies de Basse-Bretagne », par **M. Bourgault-Ducoudray** et **J.-G. Ropartz**, XXIV, 263.

Étude sur le peintre Valentin, **L. Ollivier**, XXVI, 319.

Étude sur le peintre Perrin, **L. Ollivier**, XXVII, 141.

Étude sur le peintre Hostein, **L. Ollivier**, XXVIII, 1.

Esthétique : de la musique et de son influence sur l'esprit humain, **Ch. Carmejeanne**, XXVIII, 181.

Étude sur le peintre Ronxin, **L. Ollivier**, XXVIII, 192.

Étude sur le peintre Grimaux, **L. Ollivier**, XXIX, 129.

Les Concerts de la Société d'Émulation, coup d'œil rétrospectif, **G. Fraboulet**, XXXIII, B. 38.

BIBLIOGRAPHIE

Comptes-rendus des ouvrages offerts à la Société d'Émulation

Du suffrage universel et du droit électoral, par **V. Charner et Feitu**, III, B. 58.

Petit catéchisme de machines à vapeur, par **C.-H. Bellanger**, III, B. 79.

Étude sur la pêche côtière, par **Cavelier de Cuverville**, V, B. 37.

Améliorations à la culture et à la préparation du lin, par **C. Gaultier de Kermoal**, V, B. 37.

Cicéron et sa conception philosophique du Droit, par **Feitu**, V, B. 37.

Anciens évêchés de Bretagne, par **Geslin de Bourgogne et de Barthélémy**, V, B. 62.

Annales de la Société Académique de Nantes, VI, B. 29.

Bulletin de la Société d'Industrie de la Mayenne, VI, B. 67.

De l'art chez les peuples primitifs depuis leur migration dans les Gaules, VI, B. 93.

De l'art récemment qualifié d'anté-diluvien, par **Falleu**, VI, B. 93.

L'Amiral Jean de Vienne, par **Pingaud**, VII, B. 96.

Étude sur Domat, par **Feitu**, VII, B. 96.

Essai d'iconographie et d'hagiographie bretonnes, par **Gaultier du Mottay**, VII, B. 96.

Ouvrages offerts au Congrès scientifique de France, IX, 270.

De la valeur des expressions Κελτοι et Γαλαται Κελτοι, et Γαλαται dans Polybe, par **Alexandre Bertrand**, XIV, B. 41.

Études critiques sur les abordages en mer, par **Caffarena, Ernoul de la Chénelière**, XIV, B. 43.

Ouvrages publiés dans les Côtes-du-Nord en 1884, XXIII, B. 10.

Principes sommaires d'irrigation pratique, par **Le Bourhis**, ingénieur, XXIII, B. 10.

Les caqueux devant le sénéchal de Quimper, par **Trévédy**, XXIII, B. 10.

La vie dans le mariage, par **Antonin Rondelet**, XXIII, B. 12.

La révolte du papier timbré, par **A. de la Borderie**, XXIII, B. 25.

La pénitence de Henri II. roi d'Angleterre, par **Ch. Le Breton**. XXIII, B. 26.

Le scrutin de liste et la représentation proportionnelle, par **Séverin de la Chapelle**, XXIII, B. 27.

L'armée et l'argent, par **De Chalus**, XXIII, B. 27.

Bibliographie St-Nazairienne, par **René Pocard-Kerviler**, XXIII, B. 27.

Jean Beaujouan, par **Trévédy**, XXIII, B. 43.

Les Laënnec, par **Du Chatellier**, père, XXIII, B. 44.

Questionnaire des croyances, légendes et superstitions de la mer, par **Paul Sébillot**, XXIII, B. 45.

L'archipel des Féroë et le Groënland, par le **Dr Bourel-Roncière**. XXIII, B. 45.

France et Lorraine, par **Auguste Charaux**, XXIII, B. 46.

Les origines de la Révolution en Bretagne, par **Barthélemy Pocquet**, XXIII, B. 69.

L'héritage de Jacques Faruel, par **Le Gal La Salle**, XXIII, B. 80.

Histoire des enfants abandonnés et délaissés, par **Léon Lallemand**, XXIII, B. 81.

La liste fractionnaire dans les élections plurinominales et l'égalité proportionnelle pour tous, par **Séverin de la Chapelle**, XXIV, B. 8.

Promenades dans Quimper, par **Trévédy**, XXIV, B. 10.

L'Argot des Nomades en Bretagne, par **Quellien**, XXIV, B. 10.

Histoire de la commune des Chapelles-Bourbon, par **Le Goux**. XXIV, B. 17.

Les Ambassadeurs de Siam à Quimper, 1686-1687. XXIV, B. 18.

Thèse illustrée du Collège des jésuites à Quimper, XXIV, B. 19.

Les mammifères de la France, par **A. Bouvier**, XXIV, B. 24.

L'Algérie : les vices rédhibitoires du bétail ; le tabac ; l'impôt foncier ; la liberté commerciale au point de vue agricole, par **Kersanté**, XXIV, B. 24.

La langue Bretonne, limites et statistique, par **Paul Sébillot**, XXIV, B. 33.

Seigneurs nobles et Seigneurs roturiers, par **Trévédy**, XXV, B. 7.

Le groupe équestre de St-Mathieu. **Id** XXV, B. 7.

L'artillerie de Quimper depuis 1495. **Id** XXV, B. 7.

L'usement de Rohan en vers latins. **Id** XXV, B. 7.

Le Docteur Laënnec fut-il élève au collège de Quimper? **Trévédy**. XXV, B. 15.

Lettres sur la géographie et l'histoire de Bretagne et du Finistère, **Trévédy**. XXV. B. 15.

Derniers débris du couvent de St-François, **Trévédy**, XXV, B. 15.

Un essai de socialisme 1793, 1794, 1795. **Du Chatellier père**. XXV. B. 16.

Nouvelles lettres sur la géographie et l'histoire de Bretagne et du Finistère, **Trévédy**. XXV, B. 17.

Deux ordonnances de police à Quimper, **Trévédy**, XXV, B. 17.

Le rôle de la capitation de 1750 pour la ville de Quimper, **Trévédy**, XXV, B. 17.

Michel Laënnec et l'éloquence académique à Quimper au dernier siècle, par **Trévédy**, XXV, B. 17.

Les hôpitaux en Orient, par le **Dr Aubry**, XXVI, B. 18.

Autour de l'Europe, par le **Dr Aubry**, XXVI, B. 18.

La contagion du meurtre, par le **Dr Aubry**, XXVI, B. 18.

Chansons jeunes, poésies de **Ch. Bernard**, XXIX, B. 22.

Les Origines du monde, par le **Baron Halna du Fretay**, XXXI, B. 34.

L'Homme avant notre ère, par le **Baron Halna du Fretay**, XXXI. B. 34.

Documents de criminologie retrospective, **Drs Corre et Aubry**. XXXIII, B. 53.

Les Reclus à Toulouse pendant la Révolution, par le **Baron de Bouglon**. XXXIII, B. 73.

BIOGRAPHIES & HAGIOGRAPHIES

Notice sur René Fleuriot de Coatguenou, **Le Gué**, I, 1863, B. 4.

Notice sur Jules Lequyer, **J. Geslin de Bourgogne**, III, B. 16.

Étude sur l'abbé Lacordaire, **Rigault**, VI. B. 42.

Note historique et biographique sur le chancelier Séguier, **Pocard-Kerviler**, VIII. 61.

Note sur le chevalier Blondel de Nouainville, **P. Huguet**, XI. B. 30.

Notes sur le Dr Rochard, **Dr Lemoine**, XIV, B. 37.

Jobert de Lamballe, d'après ses lettres, **Paul de Chalus**, XXIII, 34.

Étude biographique sur Baudouin de Maison-Blanche, **Pocard-Kerviler**, XXIII, 43.

Les deux La Mennais (Fragments inédits), **A. du Bois de la Villerabel**, XXVI, 271.

Saint-Maudez, **De la Borderie**, XXVIII, 198.

Saint-Goulven. — Texte de la vie latine, ancienne et inédite, **De la Borderie**, XXIX, 214.

Saint-Hervé. — Vie latine, ancienne et inédite. **De la Borderie**, XXIX, 251.

Julienne Cuquemelle, **Trévédy**, XXIX, 305.

Bertrand d'Argentré, **De la Lande de Calan**, XXX, B. 28.

Hélène de Beaumanoir, **Alain du Cleuziou**, XXX, 95.

———

CONCERTS & SOIRÉES MUSICALES

Comptes-rendus

Depuis sa fondation la Société d'Émulation a donné chaque année une ou plusieurs séances occupées soit en partie, soit en totalité, par des morceaux de musique vocale ou instrumentale. Presque toujours une quête y a été faite au profit des pauvres. Ci-dessous le relevé des Comptes-rendus de ces séances spéciales de beaucoup desquels les auteurs ont désiré garder l'anonyme.

1861	I	4ème B. 64.
1864	I	B. 32.
1866	III	B. 38. B. 157.
1867	IV	26, 39, 63, 79, 86, 102 (à l'occasion du Congrès Celtique international).
1867	V	B. 25.
1868	VI	B. 102.
1869	VII	B. 117.
1872	IX	M. E. L. 267.
1873-1874	XI	B. 15, **F. Sersour**, B. 60, B. 76, B. 88.
1875	XII	B. 16, B. 58.
1876	XIII	B. 4.
1877	XIV	B. 20, B. 39.

1878	XV	G. Thubé, B. 10.
1879	XVI	B. 7.
1880	XVII	B. 1.
1881	XIX	B. 5.
1882	XX	B. 3.
1883	XXI	B. 6.
1884	XXII	B. 3.
1885	XXIII	B. 31.
1886	XXIV	L. Ollivier, B. 5.
1887	XXV	B. 10.
1888	XXVI	B. 17, Gourdet, B. 25, A. Boullé, B. 50.
1889	XXVII	B. 12. Gourdet, B. 26, B. 37.
1890	XXVIII	Gourdet, B. 6, Carmejeanne, B. 21.
1891	XXIX	Carmejeanne, B. 5. Gourdet, B. 11. Gourdet, B. 56.
1892	XXX	A. Boullé, B. 11. A. Boullé, B. 13.
1893	XXXI	Carmejeanne, B. 4. B. 11.
1894	XXXII	Gourdet, B. 21.
1895	XXXIII	Du Cleuziou, B. 15. Gourdet, B. 42. A. Boullé, B. 75. Carmejeanne. B. 102.

DISCOURS ET ALLOCUTIONS

Inauguration de la section des lettres de la Société d'Emulation le 7 mars 1861. **Gaultier du Mottay.** I (1861), 2eme B. 2.

Inauguration de la section des sciences le 7 mars 1861. **Dujardin.** I 1861). 2eme B. 7.

Première Assemblée trimestrielle 25 mars 1861. **Geslin de Bourgogne.** I (1861 . 2eme B. 18.

Séance générale annuelle du 15 décembre 1861. **Geslin de Bourgogne.** I (1861). 4eme B. 60.

Séance générale annuelle du 18 décembre 1862. **Geslin de Bourgogne.** I (1862). B. 44.

Séance générale annuelle du 12 mai 1864. **Geslin de Bourgogne.** I (1864 . B. 33.

Clôture des conférences agricoles. 5 mai 1865. **Geslin de Bourgogne.** II. B. 140.

Séance générale du 6 décembre 1865, **Geslin de Bourgogne**, III, B. 11.

        id   **Demanche**, Préfet des Côtes-du-Nord, III, B. 19.

Séance générale du 18 juillet 1866, **Malaguti**, recteur de l'Académie de Rennes, III, B. 118.

Séance générale du 18 juillet 1866, **Geslin de Bourgogne**, III, B. 123.

Séance générale du 27 décembre 1866, **Gaultier du Mottay**, III, B. 146.

Ouverture de la session du Congrès celtique le 15 octobre 1867. **Demanche**, Préfet des Côtes-du-Nord. IV, B. 1.

Ouverture de la session du Congrès celtique le 15 octobre 1867. **Geslin de Bourgogne**, IV, B. 5.

Départ de M. Dujardin le 14 avril 1869, **Commandant Perrio**. VII, B. 58.

Séance générale du 12 janvier 1870, **Geslin de Bourgogne**. VII, B. 120.

Installation de M. Foucher de Carheil, Préfet des Côtes-du-Nord, 30 octobre 1871, **Mᵍʳ David**, VIII, B. 111.

Discours prononcés à l'ouverture du congrès scientifique de France, le 1ᵉʳ juillet 1872, par Messieurs **Hérault**, maire de St-Brieuc. **Geslin de Bourgogne, Le Gal la Salle**, député, **Massieu, Louis de Kerjégu, Dʳ Rochard, Gaultier du Mottay. R. P. Lécuyer**, IX, B. 5 à B. 63.

Compte rendu à la séance administrative du 28 février 1874, **Geslin de Bourgogne**, XI, B. 3.

Réception du Cᵗᵉ de Rochefort, Préfet des Côtes-du-Nord, 19 février 1874. **Mᵍʳ David**, XI, B. 51.

Réponse de M. le Comte de Rochefort, XI, B. 53.

Réception du Général Marquisan comme Vice-Président de la Société, 23 mars 1874, **Geslin de Bourgogne**, XI, B. 71.

Réponse du Général Marquisan, XI, B. 72.

A propos de l'histoire militaire en Bretagne de M. Geslin de Bourgogne, **Général Marquisan**, XII, B. 6.

Au sujet de l'attribution à la Société Achéologique de la médaille décernée à la Société d'Emulation, **Geslin de Bourgogne**, XII, B. 26.

Récapitulation des médailles décernées par la Société d'Emulation. **Général Marquisan**, XIII, B. 63.

Compte rendu moral de la Société, à la séance administrative du 26 décembre 1896, **De la Chénelière**, XIII, B. 67.

Installation de M. le Marquis de l'Angle Beaumanoir, Préfet des Côtes-du-Nord. 22 juin 1877. **Mᵍʳ David**, XIV, B. 34.

30 TABLE ALPHABÉTIQUE DES CHAPITRES.

A l'occasion du décès de M. de Geslin de Bourgogne et de l'élection de son successeur, **De la Chénelière**, XV, B. 4.

Démission de M. De la Chénelière, président de la Société d'Emulation, 1er avril 1884, XXII, B. 6.

A l'occasion de son installation comme président de la Société d'Emulation, 11 octobre 1884, **J. Lamare**, XXII, B. 20.

A l'occasion de son installation comme président de la Société d'Emulation, **Colonel de Seré**, XXIII, B. 73.

A l'occasion de son installation comme président de la Société, 14 janvier 1888, **Commandant Geslin de Bourgogne**, XXVI, B. 3.

Ouverture du Congrès pomologique de l'Ouest, 24 octobre 1888, **Commandant Geslin de Bourgogne**, XXVI, B. 52.

A l'occasion de son installation comme président de la Société d'Emulation, 12 février 1894, **Ch. de Lorgeril**, XXXII, B. 4.

A la clôture du Congrès pomologique, 20 octobre 1895, **Le Breton**, sénateur de la Mayenne, XXXIII, B. 101.

ÉPIGRAPHIE,

NUMISMATIQUE, GÉNÉALOGIE, BLASON.

La famille de Boisgelin, **J. Lamare**, II, 103.

    Tableau généalogique.

Monnaie d'or de Julien Népos, trouvée dans le camp romain de Plésidy, **Guigniant**, III, B. 29.

Rapport sur deux inscriptions gallo-romaines relevées à Saint-Méloir et Corseul, **Gaultier du Mottay**, VIII, B. 83.

    2 planches : 1. Borne milliaire de Saint-Méloir.

            2. Fragments d'inscription sur marbre blanc trouvés à Corseul.

Etude sur l'inscription itinéraire de Saint-Christophe (Morbihan). **Commandant Mowat**, X, 373.

    1 planche : Inscription de Saint-Christophe.

Note sur un jeton de Bretagne au nom de Henri, **Fornier**, XVI, 33.

Exhibition d'une pierre sculptée aux armes de Rieux, **Francisque Guyon**, XVII, B. 45.

    Figure dans le texte.

Catalogue des monnaies romaines trouvées à Plourhan en 1881. **Fornier**, XIX, 33.

Découverte de monnaies romaines à Penn-a-Nec'h en Bulat-Pestivien. **abbé Le Corre**, XXI, B. 8.

Note sur une monnaie d'Otacilla Severa trouvée à Saint-Brieuc, **A. Anne Duportal**, XXIX, B. 118.

La famille de la Tourneraye avec un tableau généalogique, **A. Anne Duportal**, XXIX, 167.

Inscriptions gallo-romaines dans les départements d'Ille-et-Vilaine et des Côtes-du-Nord, **Fornier**, XXIX, 170.
   Figures dans le texte.

Les jetons de Bretagne, **Fornier**, XXX, 1.

— — —

GÉNÉRALITÉS ET FAITS DIVERS

Règlement de la Société d'Émulation des Côtes-du-Nord, I, 1861, 1er B. 1.

Programme des questions mises à l'étude par la Société d'Émulation. I, 1861. 1er B. 12.

Compte-rendu des travaux de la Société depuis sa fondation, I, 1861. 4ème B. 33.

Modification au règlement, I, 1864, B. 46.

Nouveau mode de publication des travaux, II, B. 221.

Statuts de la Société départementale d'Émulation des Côtes-du-Nord, III, B. 2.

Remise de médailles à MM. Donguy, peintre, Amour de Dieu, professeur de musique, Hippolyte Désury, orfèvre et Paul Guibé, sculpteur, III, B. 25.

Vote d'une médaille en vermeil à M. Marée, IV, B. 116.

Statuts de la Société départementale d'Émulation des Côtes-du-Nord. V, B. 1.

Exposé fait par la Direction, V, B. 10.

Vote d'une médaille en vermeil au Dr Racinet, VI, B. 82.

Médaille et secours de 50 fr. à Michel Guernion, vieux serviteur. VII, B. 123.

Vote d'une médaille de vermeil à M. Fornier, président du Tribunal de Dinan, VII, B. 124.

Statuts de la Société d'Émulation. VIII. B. 2.

Inscription à perpétuité, comme Membres d'honneur de la Société, de
M. l'abbé Onfroy de Kermoalquin et de M. Miorcec de Kerdanet,
morts devant l'ennemi, VIII, B. 125.

Protestation contre la démolition de la porte de l'Hôtellerie ou de
Brest à Dinan, XI, B. 8.

Nouvelle protestation contre la démolition de la porte de Brest, XI,
B. 13.

Don à la Société des Alsaciens-Lorrains d'une somme de 500 fr. votée
primitivement pour la libération du territoire, XI, B. 12.

Vœu pour la réparation et l'entretien de la fontaine St-Brieuc, XI, B. 13.

Revendication contre la Société Archéologique des Côtes-du-Nord par
la Société d'Émulation au sujet de son classement parmi les Sociétés
savantes qui se sont le plus distinguées, XII, B. 26.

Vote d'une médaille d'or à M. Charles Collin, XIII, B. 8.

Vote de 350 fr. pour la restauration du Calvaire de Kergrist-Moëllou,
XIII, B. 13.

Rapport de M. Chabouillet, secrétaire de la section d'Archéologie au
congrès des Sociétés savantes à la Sorbonne pour l'attribution d'une
médaille d'or à la Société d'Émulation, XIII, B. 33.

Table générale des Mémoires publiés par la Société d'Émulation
depuis sa fondation (1861) jusqu'au 31 décembre 1877 et catalogue
de sa bibliothèque, XIV, 267.

Vote d'une médaille d'or à la mémoire de M. Geslin de Bourgogne,
XV, B. 6.

Modifications aux statuts de la Société d'Émulation des Côtes-du-Nord,
XVII, B. 50.

Projet de publication de l'album « Les Trésors archéologiques de
l'Armorique occidentale », XIX, B. 8.

Publication de la première livraison de l'album, XIX, B. 15.

Note sur le nettoyage des monnaies ; **V. Micault**, XIX, 89.

Vote d'une somme de 100 fr. et d'une médaille à Marie-Louise Hello
pour son dévouement, XX, B. 12.

Vote par le Comité des travaux historiques d'une somme de 900 fr.
pour l'album des Trésors archéologiques de l'Armorique occidentale, XXI, B. 11.

Vote d'une médaille de vermeil à la mémoire de M. Victor Micault,
XXI, B. 17.

Liste des souscripteurs à l'album des Trésors archéologiques de l'Armorique occidentale, XXII, B. 14.

Rapport sur la publication de l'album des Trésors archéologiques de
l'Armorique occidentale. **G. Fraboulet**, XXII, B. 48.

La Semaine religieuse et M. l'abbé Vissenaire, XXIII, B. 21

Le Théâtre à Saint-Brieuc, XXIII, B. 23.

Les secours aux blessés du Tonkin, XXIII, B. 39.

La Société « La Bretonne », XXIII, B. 41.

Les naufragés de Plérin, XXIII, B. 41.

Vote d'une médaille d'or à la mémoire de M. Lamare, XXIII, B. 58.

Les secours aux blessés du Tonkin, XXIII, B. 61.

Ouverture du tombeau de Saint-Yves, XXIII, B. 63.

Les courses dans les Côtes-du-Nord, XXIII, B. 68.

L'orage du 16 juin 1885, XXIII, B. 68.

Ouverture du bassin à flot, XXIII, B. 79.

Statuts de la Société d'Emulation, XXV, B. 1.

Discussion sur le mode de votation pour les élections du bureau de la Société, XXV, B. 23.

Programme de la 33ème session de l'Association bretonne à Saint-Servan, XXIX, B. 42.

Vœu pour la frappe libre de l'argent, XXXI, B. 20.

Clôture du Congrès pomologique, XXXIII, B. 100.

GÉOGRAPHIE. – VOYAGES

De Guingamp à Plouaret, **Lamare**, II, 46.

Excursion pittoresque et historique dans les deux cantons de Dinan, **Gaultier du Mottay**, II, 216.

Lettres sur l'Algérie, **Dujardin**, VII, B. 91.

Lettre écrite du Sahara, **Y. Geslin de Bourgogne**, VIII, B. 129.

Promenade en Amérique, **Foucher de Carheil**, VIII, B. 114.

Les cités gallo-romaines de la Bretagne, **Aug. Longnon**, X. 391.

   1 carte : Carte des *civitates* de la péninsule armoricaine au Vème siècle.

Du mouvement de la mer sur les côtes de Bretagne et de Normandie, **J. Geslin de Bourgogne**, X. 451.

Les Sémaphores, **Commandant Esnaud**, XII, 48.

Notes sur un voyage en Terre-Sainte, **du Roscoët**, XIV, B. 7.

Excursion à Tralles et à Hiérapolis, **Collin Portjégoux**, XXVI, 299.

Voyages faits en 1775 et 1785 à travers les Côtes-du-Nord par le sieur Martin (analyse), **Trévédy**, XXVII, B. 74.

L'Amérique et ses chemins de fer, **Laulanie**, XXVII, 125.
Notes sur la Nouvelle-Calédonie, **Dr Rouxel**, XXXIII, B. 56.

GRAMMAIRE, LINGUISTIQUE,

ENSEIGNEMENT

Etude sur un nouveau Glossaire de la vieille langue française, **Godefroy**, III, B. 128.

Demande de fondation d'un prix pour un mémoire sur la Langue et la littérature bretonnes, **Le Coz**, IV, 73.

Etude sur l'identité des dialectes Breton, Cornouaillais (Angleterre) et Gallois, **R. John Jenkins**, IV, 251.

> 1 tableau présentant l'alphabet de ces dialectes.

De l'état des littératures indigènes dans le pays celtique et de l'intérêt que présentent le maintien et la culture de ces idiômes, **Ch. de Gaulle**, IV, 254.

Restauration pratique du Celto-Breton, **Abbé Etienne**, IV, 302.

Rapport sur l'exposition universelle. Section de l'enseignement, **Gaultier du Mottay**, V, B. 50.

Mémoire sur l'utilité d'un glossaire de notre vieille langue, **Abbé Bélouino**, V, 59.

Dictionnaire de patois dans les Côtes-du-Nord, **Gaultier du Mottay**, VI, B. 58.

Des langues de l'Asie et de l'Europe, **abbé Cocheril**, VIII, B. 54.

Rapport sur un projet de conservation des langues provinciales, **Gaultier du Mottay**, VIII, B. 85.

Rapport sur un traité de Linguistique de M. Daniel, de Landerneau, **abbé Le Bourdellès**, IX, 126.

La liberté de l'enseignement supérieur et la collation des grades, **P. Reynier**, XII, 14.

Notes pour une édition critique de Quintilien, **Fierville**, XIII, 16.

Etude critique sur le Dictionnaire de la Langue française de Littré, **Ernault**, XIV, B. 12.

De l'urgence d'une exploration philologique en Bretagne, ou la Langue
bretonne devant la science, **Ernault**, XIV, 101.

Dissertations sur le poëte Virgile et la Gaule, **Lionel Bonnemère**,
XXVIII, B. 15.

HISTOIRE

La Psalette de Tréguier, **Jules Lamare**, I, 1863, B. 9.

Notice historique et militaire sur la zone frontière des Côtes-du-Nord
(1ère partie), **commandant Perrio**, I, 1863, B. 28.

Notice historique et militaire sur la zone frontière des Côtes-du-Nord
(2ème partie), **commandant Perrio**, I, 1864, B. 11.

Conférences tenues pendant les sessions des Etats, **Raison du
Cleuziou**, I, 1864, B. 20.

Notice historique et militaire sur la zone frontière des Côtes-du-Nord
(3ème partie), **commandant Perrio**, I, 1864, B. 29.

Notice historique et militaire sur la zone frontière des Côtes-du-Nord
(4ème partie), **commandant Perrio**, II, B. 31.

Impression produite en Bretagne par l'avènement du roi Louis XVI,
Raison du Cleuziou, II, B. 58.

Notice historique et militaire sur la zone frontière des Côtes-du-Nord
(fin), **commandant Perrio**, II, B. 163.

Le roi Théodore (Episode de l'histoire de la Corse), **Rivaud de la
Raffinière**, II, 67.

Résumé des campagnes de Chine et de Cochinchine, **Albert Geslin
de Bourgogne**, II, 289.

> 2 planches : 1. Croquis explicatif de la prise des forts du Peï-ho et de la
> marche sur Pékin.
> 2. Défense de Saïgon et prise des forts de Ki-hoa.

Le collège de Saint-Brieuc du XVIème au XIXème siècle, **J. Lamare**,
III, 65.

Etude sur un point d'histoire armoricaine de la fin du IVème siècle,
abbé Daniel, III, 95.

Les Bretons d'Angleterre et les Bretons de France, **Hersart de la
Villemarqué**, IV, 133.

Aperçu de l'histoire de l'Armorique bretonne, **Dr Halléguen**, IV, 153.

Un capitaine breton, **abbé Daniel**, VI, 13.

Le premier consul au Conseil d'Etat, **Feitu**, VII, B. 11.

Les Corsaires bretons, **Gagon**, VII, B. 32.

Date et circonstances de l'établissement de la Monarchie Franque dans les Gaules, **Morin**, IX, 163.

Examen critique des expéditions gauloises en Italie, **Lemière**, X, 309.

Invasion des Normands dans le Berry, **Clouet**, X, 478.

Essai sur le Pagus ou pays de Quintin ou Kintin, **abbé Audo**, X, 503.

Note sur l'occupation des Aurès (Algérie) par les Romains, **Yves Geslin de Bourgogne**, XI, 118.

> 6 planches : 1. Prœtorium.
> 2. Les bains (plan).
> 3. Les bains (coupe).
> 4. L'amphithéâtre.
> 5. Temple d'Esculape.
> 6. Inscription du temple d'Esculape.

Les Races maudites en Bretagne, **J. Geslin de Bourgogne**, XI, 207.

Etude sur les Celtes et les Gaulois (1er extrait), **Lemière**, XI, 216.

Etude sur la Bretagne féodale et militaire. Penthièvre, **J. Geslin de Bourgogne**, XII, 1.

Etude sur la Bretagne féodale et militaire. Le Porhoët, **J. Geslin de Bourgogne**, XIII, 75.

Etude sur les Celtes et les Gaulois (2ème extrait), **Lemière**, XIII, 83.

Etude sur la Bretagne féodale et militaire. Le Rohan, **J. Geslin de Bourgogne**, XIV, 1.

Relation des sièges de Lamballe, **Quernest**, XIV, 174.

Notice sur le port et la ville de Tréguier, **Jourjon**, XV, 235.

La Bretagne et les Védas, **Lionel Bonnemère**, XVI, 117.

Les Celtes et les Gaulois, **Lemière**, XVIII entier.

Histoire de la ville de Saint-Brieuc, **J. Lamare**, XXII entier.

Coup d'œil sur la féodalité en Bretagne, **J. Geslin de Bourgogne**, XXIV, 1.

Lettres inédites de Cambry, **P. du Chatellier**, XXIV, 42.

Notions historiques et archéologiques sur la ville de Lamballe, **Quernest**, XXIV, 47.

Evêché et ville de Kemper. Documents inédits, **A. du Chatellier**, XXV, 81.

Le dernier exploit de la Fontenelle. **Trévédy**, XXVI, 3.

Les derniers seigneurs de Guémadeuc, **Trévédy**, XXVI, 165.

Lettres des députés des Côtes-du-Nord aux Etats généraux et à l'Assemblée nationale constituante (1ère partie) **D. Tempier**, XXVI, 210.

Les derniers seigneurs de Guémadeuc (Errata), **Trévédy**, XXVII, B. 13.

Correspondance des députés des Côtes-du-Nord à l'Assemblée Constituante (2ème partie), **D. Tempier**, XXVII, 21.

Gestes des Bretons en Italie au XIVème siècle, **Arth. du Bois de La Villerabel**, XXVII, 73.

Mémoires d'Hercules de Lescouët. Sergents féodés, **J. Geslin de Bourgogne**, XXVII, 161.

Journal de l'abbé de la Motte-Rouge, député aux Etats en 1786, **Vicomte de Bélizal**, XXVIII, B. 74.

Correspondance des députés des Côtes-du-Nord à l'Assemblée législative, **D. Tempier**, XXVIII, 61.

A travers le vieux Saint-Brieuc (1ère partie), **Vte Arth. du Bois de La Villerabel**, XXVIII, 285.

A travers le vieux Saint-Brieuc (2ème partie), **Vte Arth. du Bois de La Villerabel**, XXIX, 1.

Le déluge de Châtelaudren en 1773, **Trévédy**, XXIX, 83.

Deux comptes de dépenses du milieu du XVIème siècle, **Anne-Duportal**, XXIX, 148.

Correspondance des députés des Côtes-du-Nord à la Convention nationale, **D. Tempier**, XXX, 110.

Notes à propos de quelques pages de M. Le Sage sur le présent et le passé de l'abbaye de Léhon, **A. Boullé**, XXXI, B. 21.

La chaudière des pauvres à Lorient en 1762 aux dépens de la Compagnie des Indes, **Dr Paul Aubry**, XXXI, B. 24.

Notes sur une lettre de Henri IV, portant érection d'un Présidial à Dinan, **Trévédy**, XXXI, B. 32.

La Tour de Cesson et le Fort de Saint-Brieuc, **Trévédy**, XXXI, 47.

Un gouverneur de Hédé en 1767, **Anne-Duportal**, XXXI, 143.

Lettre patente de Henri IV portant érection d'un présidial à Dinan, en 1598, **Dr P. Aubry**, XXXI, 196.

Dinan ville présidiale, **Trévédy**, XXXI, 202.

Note sur un rapport du marquis de l'Estourbeillon « De l'importance des archives particulières des Châteaux Bretons », **A. Boullé**, XXXII, B. 51.

Histoire municipale de Tréguier. Documents inédits, **de la Borderie**, XXXII, 52.

Une affaire d'honneur au XVIIème siècle, **Alain du Cleuziou**, XXXII, 199.

La Chalotais et le Parlement de Bretagne, **Pocquet**, XXXIII, 19.

Le Roman des Origines bretonnes. Notre ancêtre Brutus, **Ch. de la Lande de Calan**, XXXIII, 104.

Inventaire des Archives des Châteaux Bretons. Famille de la Rouerïe, **Alain du Cleuziou**, XXXIII, 208.

INDUSTRIE, COMMERCE, ÉCONOMIE SOCIALE.

Note sur les différents modes d'éclairage, **Viénot**, II, B. 39.

De l'industrie séricicole dans les Côtes-du-Nord, **H. Hamon**, II, 19.

Essai sur l'association et les syndicats, **Dujardin**, III, B. 133.

Esquisse de l'industrie linière dans le département des Côtes-du-Nord. **Gaultier de Kermoal**, III, 171.

Analyse d'un travail de M. Marchal sur les « Principes de la population d'après Malthus », **abbé Robert**, VI, B. 68.

Projet d'une commission de statistique dans les Côtes-du-Nord, **D\` Guibert**, VII, B. 103.

Note sur la fabrication des fromages, nouvelle industrie à introduire en Bretagne, **abbé Le Bourdellès**, X, 177.

Compte-rendu des travaux de M\` de Cuverville sur la pêche côtière de la circonscription de Saint-Brieuc. **Le Gros**, X, 212.

De l'extinction de la Mendicité par l'organisation de la bienfaisance, **Kersanté**, X, 521.

Notice sur le port de Saint-Nazaire, **Pocard-Kerviler**, XI, 159.

Un essai d'éclairage électrique à Saint-Brieuc. **Cauret**, XXV, 261.

LÉGISLATION.

Observations à propos de l'ouvrage de M. Kersanté « de la nécessité d'un code rural en France », **Huguet**, II, B. 205.

La loi Anglaise et la loi Irlandaise d'après la partie publiée du Senchüs-Mor (congr. celt.), **Ferguson**, IV, 310.

De l'esprit du droit breton en matière de succession, **J. Lamare**, V, 33.

Etude sur la loi Grammont, **Chanon**, XII, 64.

Du droit de détruire les animaux nuisibles, **Chanon**, XV, B. 19.

Des peines en matières criminelles et correctionnelles, **De la Chénelière**, XVI, 8.

Neuf ans de procès pour un congément, **G. Fraboulet**, XXVI, 115.

Quelques mots sur l'État-civil, **Id.** XXIX, B. 71.

Les plaideurs bretons du temps jadis, **de la Lande de Calan**, XXXI, B. 62.

Notes sur un procès au XVIIème siècle à l'occasion de la chapelle de Saint-Jean de Kerdanet, **Alain du Cleuziou**, XXXI, B. 72.

La très ancienne coutume de Bretagne, **Id.** XXXI, 164.

Règlement de police à Dinan en 1762, **Dr P. Aubry**, XXXI, 189.

Le régime judiciaire et pénitentiaire de l'Egypte, **Savin**, XXXIII, 70.

LITTÉRATURE. — POÉSIES

Hommage à la Société d'Émulation des Côtes-du-Nord (poésie), **comte Ach. du Clésieux**, I, 1861, 4ème B. 70.

Cesson et ses environs (poésie), **A. de La Noüe**, I, 1861, 4ème B. 72.

L'Espérance (poésie), **Villiers de l'Isle Adam**, I, 1862, B. 11.

Adresse à l'Océan (poésie), traduite de Lord Byron, **Ernault**, II, B. 199.

Le Génie du Midi et le Génie du Nord (poésie), **Anonyme**, III, B. 43.

Vercingétorix, **Anonyme**, III, B. 92.

Etude sur Brizeux et la Bretagne, **abbé Tisseur**, III, 106.

Mme de Sévigné en Bretagne, **Pingaud**, III, 159.

Hippolyte de la Morvonnais, **Charaux**, III, 205.

Le chant des Bardes massacrés par Edouard I (poésie), **Bariseau**, IV, 64.

Le loup qui se fait moine (fable), **Sigismond Ropartz**, IV, 108.

Représentation du Mystère de Sainte-Tryphine, **Le Jean** et **Luzel**, IV, 128.

Introduction à l'histoire littéraire de l'Armorique bretonne du Vème et du VIème siècles, jusqu'à nos jours, **Dr Halléguen**, IV, 274.

L'Armorique en 1867 (Gallois, breton, français), **James Kenward Esq.**, IV annexes, I.

Adieux à la Bretagne (Gallois et français) **Samuel Ferguson**, IV, annexes, 16.

La harpe de Rumengol (breton et français), **J.-P.-M. Lescour**, IV, annexes, 24.

La langue de Bretagne, Bardit (breton et français), **F.-M. Luzel**, IV, annexes, 30.

La Colombe du Barde (breton et français), **G. Milin**, IV, annexes, 36.

La chanson de Marie-Anna (breton et français), **Jean Carer**, IV, annexes, 42.

Aux Gallois les Bretons, cantate (breton et français), **Gaultier du Mottay**, et abbé **Le Bourdellès**, IV, annexes, 46.

Les adieux du Barde (breton et français), **Le Jean**, IV, annexes, 52.

Une mère et son enfant (breton et français), **J.-P.-M. Lescour**, IV, annexes, 58.

Adieux du conscrit breton (breton et français), **Prosper Proux** et **David de Morlaix**, IV, annexes, 64.

Les Bardes d'Armorique (breton et français), **Le Jean**, IV, annexes, 72.

Mona, Élégie, (breton et français), **F.-M. Luzel**, IV, annexes, 82.

Epilogue de la 1ère journée de Sainte-Tréphine (breton et français), **F.-M. Luzel**, IV, annexes, 86.

Le vœu d'un Cloarek (breton et français), **abbé Guitterel**, IV, annexes, 94.

Adieux à la jeunesse (breton et français), **F.-M. Luzel**, IV, annexes, 96.

Aux Bardes de Cambrie (breton et français), **Prosper Proux**, IV, annexes, 98.

La bénédiction d'un nouveau manoir (breton et français), **Abbé J. G. Henry**, IV, annexes, 104.

La Rose et le Rossignol (breton et français), **Abbé Guitterel**, IV, annexes, 106.

Marivonik, chanson populaire (breton et français), **F.-M. Luzel**, IV, annexes, 110.

L'Hiver (breton et français), **Le Jean**, IV, annexes, 114.

Les deux Bretagnes, cantate (breton et français), **Ropartz** et **Le Jean**, IV, annexes, 118.

Adresse d'un Gallois au Congrès (gallois et français), **John Rhys**, IV, annexes, 124.

Cymru à Arvor, chanson anglaise (anglais et français), **James Kenward** et **Lynch**, IV, annexes, 126.

Adieux à la Bretagne (poésie), **Charaux**, VI, B. 55.

De l'Art. **Abbé Bélouino**, VII, B. 29.

Le chant de mort de Cunedda. Le chant du vent (traduction), **Henri Martin**, VII, B. 72.

La Tourmente (poésie), **de Closmadeuc**, VIII, B. 22.

De la fonction de l'Art, **Abbé Bélouino**, VIII, B. 45.

Du sentiment poétique en Bretagne, **R. P. Lécuyer**, X, 526.

Traditions orales de la Basse-Bretagne. Légendes chrétiennes, **F.-M. Luzel**, X, 541.

La Bretagne à l'Académie française au XVIIème et au XVIIIème siècles, **Pocard-Kerviler**, X, 560.

Fragments d'un poëme inédit en trois chants, **Cte A. du Clésieux**, X, 590.

Syndorix, le Barde de Penmarc'h (fragments), **Mme A. Penquer**, X, 598.

Etude sur les œuvres d'Hippolyte Violeau, **R. P. Fages**, XI, 165.

Une leçon d'en haut (poésie), **Pirault**, XIII, B. 29.

Etude littéraire sur le président Lambert, **Dr Lemoine**, XIII, 1.

Les influences morales (poésies), **Président Lambert**, XIII, 7.

Etude sur Longuécand, poète malouin, **R. P. Fages**, XIV, 15.

Note sur quatre lettres inédites de Mme de Maintenon, **D'Auriac**, XV, 26.

Poëmes bretons traduits du Barzaz-Breïz en vers français, **Emile Ernault**, XIX, 93.

Poëmes bretons traduits du Barzaz-Breïz en vers français, **Emile Ernault**, XX, 33.

Quelques mots sur le théâtre et « Philippe » de M. le Cte du Clésieux, **G. Fraboulet**, XXII. B. 36.

Devinettes recueillies dans les Côtes-du-Nord et dans l'Ille-et-Vilaine, **Paul Sébillot**, XXIII, 93.

Comment les Anglais furent massacrés à Lamballe, **Cauret**, XXIV, B. 39.

La grève de Saint-Laurent ; Les gens calmes ; Dans la brume ; La Bouteille à l'encre (poésies), **A. Joubert**, XXIV, 8, 12, 268, 272.

Légendes locales de la Haute-Bretagne, **Paul Sébillot**, XXIV, 209.

Etude sur les femmes dans Shakespeare, **Paul Gérard**, XXIV, 232.

Quelques mots sur « Francillon » d'Alexandre Dumas, **G. Fraboulet**, XXV, B. 6.

La Charité (poésie), **A. Joubert**, XXV, B. 12.

Un Sénéchal de Corlay, correspondant de Voltaire, **J. Trévédy**, XXV, 1.

Idylles, **Anonyme**, XXVI, B. 34.

L'habit à boutons d'or ; L'à-propos ; La Croix d'Alsace ; Le Prix d'excellence (poésies), **A. Joubert**, XXVI, 46, 49, 264, 268.

Le Parnasse breton contemporain, **de Barnéval**, XXVII, B. 53.

Conférence sur les œuvres de Mme A. Penquer, **A. Joubert**, XXVII, 3.

Archéologie et civilisation, **Carmejeanne**, XXVII, 106.

La légende de la Bretagne (poésie), **A. Joubert**, XXVII, 137.

Révolte (Sonnet), **Ch. Bernard**, XXVIII, B. 19.

Bretagne, Ode ; Les gâteaux de ménage ; Les Peupliers, **A. Joubert**, XXVIII, B. 25, B. 77, 28.

Chevalerie (poésie), **Ch. Bernard**, XXIX, B. 6.

De l'instinct de la parure, **Coutance**, XXIX, B. 47.

À nos hôtes du concours régional ; Le sucrier de grand-maman, **A. Joubert**, XXIX, B. 53, B. 109.

Une lettre de Le Sage, **Dr Aubry**, XXIX, B. 117.

Le rêve de Mignonnette (poésie), **A. Joubert**, XXX, 79.

Jeanne d'Arc ; Les mobiles bretons à Buzenval (poésies), **Fontaine**, XXX, 83, 85.

Le Parnasse breton (Ch. Le Goffic. A. Le Braz), **H. Muffang**, XXXI, 1.

Les rubans jaunes ; Le bonnet de coton (poésies), **A. Joubert**, XXXI, 30, 209.

Appel à la Charité, **A. Joubert**, XXXII, B. 23.

Le Maël Beniguet, **Lionel Bonnemère**, XXXII, B. 34.

François de Valois, drame historique en trois actes (fragments), **Vicomte de Tournemine**, XXXII, 26.

Les bottes du cuirassier ; Pour les enfants diphtériques, **A. Joubert**, XXXII, 146, 235.

Pierre Loti, **Bouglé**, XXXIII, B. 12.

Le cheval de bois ; Le passeur du Rhin ; Le marchand de marrons (poésies), **A. Joubert**, XXXIII, 1, 6, 201.

Lettres inédites de Brizeux, **G. Fraboulet**, XXXIII, 9.

MÉDECINE. — ANTHROPOLOGIE

Note sur les nouvelles découvertes de la science médicale, **Dr Lemoine**, I. B. 1861. IV. B. 51.

Les sourds-muets dans les Côtes-du-Nord, **Abbé Garnier**, I, B. 1862, 40.

Étude sur les travaux du Dʳ Jobert, de Lamballe, **Dʳ Lemoine**, I, B. 1864, 27.

Lecture sur l'anthropologie des Côtes-du-Nord, **Dʳ Guibert**, II, 47.

3 cartes : 1 carte des Côtes-du-Nord avec proportion des réformés pour défaut de taille.
     2   id.   pour maladies et infirmités.
     3   id.   pour faiblesse de constitution.

De l'alcoolisme. — Dangers de l'usage immodéré des spiritueux, **Dʳ Lemoine**, II, 247.

Observations sur le rapprochement du système nerveux avec la télégraphie électrique, **Dujardin**, III, B. 55.

Étude sur le système nerveux, **Dʳ Lemoine**, III, 214.

Ethnologie armoricaine, **Dʳ Guibert**, IV, 338.

1 carte des Côtes-du-Nord présentant pour chaque canton la proportion des réformés pour défaut de taille (déjà publiée), II, 47.

Caractères physiques de la race celtique, **S. John Beddoë, S. D. M.**, IV, 367.

La sorcellerie et la médecine, **Dʳ Lemoine**, VII, B. 14.

La variole et la vaccine dans les Côtes-du-Nord, **Dʳ Guibert**, VIII, B. 35.

Du mouvement de la population dans l'arrondissement de Dinan, **Dʳ Piedevache**, VIII, 35.

Des lois du mécanisme de la parole, **Léon Vaïsse**, X, 217.

De l'extase (analyse), **de Maynard**, X, 221.

Considérations sur les taches de sang examinées au microscope dans les questions médico-légales, **Dʳ Leuduger-Fortmorel**, XII, 42.

La Géophagie, **de La Chénelière**, XVI, 63.

Moyens d'arrêter la propagation de la phtisie pulmonaire et autres tuberculoses, **Dʳ Guibert**, XXX, 183.

Les découvertes et le rôle pathogénique des principaux microbes de la pathologie humaine, **Dʳ Rouxel**, XXX, 191.

Note sur la conservation des cadavres par le sel, **Dʳ Aubry**, XXXII. B. 13.

Le traitement de la diphtérie du Dʳ Roux, **Dʳ Aubry**, XXXII, 212.

La lèpre et les lépreux en Bretagne, **Dʳ Aubry**, XXXIII, 126.

Note sur les crânes trouvés à Saint-Brieuc, dans la rue Saint-Gilles, **Dʳ Aubry**, XXXIII, 200.

MÉTÉOROLOGIE

Note sur des tableaux météorologiques pour les années 1832 à 1842, **J. Marée**, I (1863), B. 32.

Résumé d'observations météorologiques à Saint-Brieuc de 1838 à 1865, **J. Marée**, III, 252.

> 1 Tableau d'observations.

Notice sur les progrès récents de la météorologie, **A. Fournié**, VII, 16.

Essai de constitution d'une commission météorologique, **Société d'Emulation**, XII, B. 51.

De la création de stations météorologiques départementales, **Esnault**, XII, 74.

Programme météorologique, **Lucas**, XIII, B. 40.

Conférence sur les courants de l'air autour du Globe, d'après les travaux de Maury (analyse), **Esnault**, XIII, B. 54.

Note sur le rapprochement des éléments de la statistique avec les observations météorologiques, **Le Coz**, XXII, B. 30.

Eléments météorologiques des dix premiers mois de 1884, **Le Coz**, XXII, B. 42.

Eléments météorologiques des deux derniers mois de 1884, **Le Coz**, XXIII, B. 28.

Eléments météorologiques des cinq premiers mois de 1885, **Le Coz**, XXIII, B. 29. 30, 51, 64, 71.

Météorologie des phénomènes ruraux, **Le Coz**, XXVI, suppl[t], 30.

Tableaux météorologiques mensuels depuis le 1er janvier 1890, **A. Lefièvre**.

1890, XXVIII. B. 10, 20, 28, 38, 46, 55, 62, 64, 65, 66, 80, 95.

1891. XXIX. B. 8, 17, 18, 32, 41, 64, 65, 101, 102, 103, 113, 125.

1892. XXX. B. 5, 17, 18, 19, 31, 32, 37, 38, 39, 59, 60, 67.

1893, XXXI. B. 6, 14, 15, 27, 52, 53, 66, 67, 68, 75, 76, 82.

1894, XXXII. B. 18, 26, 27, 44, 55, 66, 77, 78, 87, 88, 98 (décembre reporté en 1895).

1895, XXXIII. B. 5, 18, 28, 48, 58, 66, 76, 91, 92, 93, 105, 120 (décembre reporté en 1896).

NÉCROLOGIE

Mgr Martial, évêque de Saint-Brieuc, **J. Lamare**, I, 1861, 4ème B. 77.

Comte de Kergariou, **J. Lamare**, I, 1861, 4ème B. 78.

Baron Thioullen, ancien préfet des Côtes-du-Nord, **J. Lamare**, I, 1861 4ème B. 78.

M. Pugnet, ingénieur, **J. Lamare**, II, B. 51.

M. Saullay de Laistre et Amiral Charner, **J. Geslin de Bourgogne**, II, 280.

M. l'abbé Pinochet, curé de Saint-Michel, **J. Geslin de Bourgogne**, III, B. 126.

M. Adolphe de La Noüe ; M. Bonnefin, ancien maire de Saint-Brieuc, **Gaultier du Mottay**, III, B. 152.

MM. Quémar, Le Corvaisier, Bazin, Eon, Derrien, Campion, Dubus, Ogé, Haugoumar des Portes, de Saisy, **J. Geslin de Bourgogne**, VII, B. 53.

M. Magnien, préfet des Côtes-du Nord, **J. Geslin de Bourgogne**, VII, B. 99.

Cte Rivaud de la Raffinière, ancien préfet des Côtes-du-Nord, **J. Geslin de Bourgogne**, VII, B. 106.

Général Comte de Goyon, **Abbé Daniel**, VIII, B. 73.

Abbé Huart, vicaire général, **Abbé Daniel**, VIII, B. 87.

Mme Boullé ; MM. Le Scour, Francisque Nomy, de Keréver, Durban, Hémery de Goascaradec, Perrigault, Dupont, abbé Onfroy de Kermoalquin, Miorcec de Kerdanet, du Clésieux, Merlin, Le Pommellec, **J. Geslin de Bourgogne**, VIII, B. 122.

M. de Caumont, **P. Huguet**, XI, B. 25.

M. François Thiérot ; M. François Perrio, **J. Geslin de Bourgogne**, XI, B. 38.

M. J. Geslin de Bourgogne, **Mgr David**, XIV, en tête.

M. l'abbé Jules Collin, **Dr Lemoine**, XIV, B. 2.

M. J. Geslin de Bourgogne, **Ernoul de la Chénelière**, XIV, B. 57.

Oraison funèbre de Mgr David, évêque de Saint-Brieuc et Tréguier, **Mgr Bécel**, XX, 1.

M. Victor Micault ; Mme Le Gros ; MM. Collin-Portjégoux ; Sylvain Duval, Herpe, Hervé, Hinault, **Ernoul de la Chénelière**, XXI, B. 13.

M. le docteur Eugène Lemoine, **Ernoul de la Chénelière**, XXII, B. 25.

MM. Hoffmann, Vte de Champagny, Amiard, **J. Lamare**, XXIII, B. 42,
M. Lamare, **G. Fraboulet**, XXIII, B. 52.
M. du Chatellier père, **Ollivier**, XXIII, B. 60.
M. Piédevache, ancien maire de Saint-Brieuc, **Ollivier**, XXIII, B. 79.
Vte Arthur du Bois de la Villerabel, **A. de la Borderie**, XXIX, 1.
M. Flouest, **P. du Chatellier**, XXIX, 211.
Mme la marquise du Dresnay ; Dr Buffé, **Commandant Geslin de Bourgogne**, XXX, B. 26.
Le comte de Tréveneuc : le comte Ach. du Clésieux ; MM. Le Coz, Beuscher et Le Moussu, **Commandant Geslin de Bourgogne**, XXXI, B. 56.
M. Albert Geslin de Bourgogne, Vte **Ch. de Lorgeril**, XXXII, B. 59.
M. Fornier, conseiller à la Cour d'appel de Rennes, **G. Fraboulet**, XXXIII, B. 32.

PHILOSOPHIE. — SCIENCES MORALES

Note sur la signification de « Suivez la nature », **Amiard**, II, B. 43.
Question des enfants assistés, **Ed. Vivier**, II, B. 62.
Des lectures d'agrément, **abbé Dauphin**, II, 265.
Examen du livre de Jules Léquyer « Recherches d'une première vérité », **abbé Robert**, III, B. 65.
Causerie sur la philosophie morale, **Gagon**, VI, 3.
Du travail, **Magnien**, VII, B. 5.
De la répression des abus de la mendicité, **Charles Even**, XII, B. 29.
Renseignements sur les moyens fournis par la loi pour la répression de la mendicité, **Cte Harscouët**, XII, B. 31.
De la philosophie de l'art (1er article), **abbé Bélouino**, XIII, 25.
De la philosophie de l'art (suite), **abbé Bélouino**, XIV, 52.
Etude morale et philosophique sur l'enseignement populaire, **Lucas**, XIV, 65.
De la philosophie de l'art (suite et fin), **abbé Bélouino**, XVII, 52.
Du patriotisme dans l'art, **Mgr Bélouino**, XXVI, 17.
Règle de conduite tracée par un père à son fils en 1805, cinq lettres de cachet et un anoblissement au XVIIIème siècle, **G. Fraboulet**, XXXII, 1.

RECHERCHES PRÉHISTORIQUES,
FOUILLES, TROUVAILLES

Des Révolutions du globe avant l'apparition de l'homme sur la terre **Dujardin**, III, B. 25.

Rapport sur les fouilles du Tumulus de Plésidy et sur une monnaie d'or de Julius Nepos, **Lamare**, III, B. 29.

Notice sur des chambres souterraines en Trégrom, **Le Cornec**, III. B. 138.

Notice sur une fouille au bourg de Kérity, **Dujardin**, III, B. 139.

De l'origine des monuments mégalithiques, **Henri Martin**, IV, 164.

Du mode de sépulture et des ossements dans les Dolmens du Morbihan, **D'Closmadeuc**, IV, 192.

Les pierres et les textes celtiques, **Hersart de La Villemarqué**, IV, 225.

Vœu pour la conservation des monuments de Carnac, **de Fréminville**, V, B. 31.

Communication sur des objets trouvés en Tréfumel, **Piedevache**, VI, B. 37.

Compte-rendu des fouilles de l'abbé Audo, au Vieux-Bourg (Quintin), **J. Geslin de Bourgogne**, VII, B. 93.

Concordance des monuments celtiques en Europe, **Pocard-Kerviler**, VII, B. 111.

L'homme avant l'histoire, **Le Coz**, VIII, B. 9.

Fouilles de Saint-Donan et du plateau de Gouédic, **Pocard-Kerviler**, IX, 93.

Les monuments mégalithiques de Bretagne, **Collet et Morin**, IX, 94.

La destination des dolmens, **Gomart, Lallemand et Morin**, IX, 118.

Topographie des monuments mégalithiques, **Fornier, Gaultier du Mottay, abbé Audo, V. Micault**, IX, 119.

Les signes circulaires sur les monuments mégalithiques et les pierres à bassins, **Miss Arnold, Miss Taylor, Galles, abbé Audo, Lallemand, Gaultier du Mottay, Luzel, sir Strafford Carrey**, IX. 121.

Un os de la famille des daims, **da Sylva**, IX, 233.

Anciennes sépultures et allées couvertes, **Grenot**, IX, 234.

Anciennes sépultures, **D'Lehir**, IX, 235.

Atelier préhistorique du Bois du Rocher en Pleudihen, **Fornier** et **V. Micault, X, 243.**

 3 planches : 1 fig. 1 à 5.
      2 fig. 7 à 9.
      3 fig. 10 à 13.

Etude sur les pierres à cercle de la grande et la petite Bretagne, **Miss Kerchever Arnold, X, 273.**

Note sur des tranchées présumées antiques observées dans les environs de Saint-Brieuc, **R. Pocard-Kerviler, X, 279.**

 1 planche : Plan et coupe de l'enceinte ovoïde des carrières de Gouëdic.

Allées couvertes et chambres sépulcrales de la Basse-Bretagne (Extrait), **A. Grenot, X, 304.**

 3 planches : 1 Silex éclatés, fig. 1 à 5.
      2   id.   fig. 6 à 9.
      3   id.   fig. 10 à 13.

Notes sur des fouilles dans la rue Notre-Dame, à Saint-Brieuc, **Dr Guibert, XI, B. 24.**

Exhibition d'un vase très ancien, trouvé aux environs de Paimpol, **Bellom, XI, B. 31.**

Note sur des fouilles pratiquées au Soutoué, en Hénansal, **Dr Douillet, XI, B. 41.**

Un mot sur les cercueils de pierre du Morbihan, **Abbé Euzenot, XI, 53.**

Conférence sur les fouilles exécutées au Mont-Dol (Ille-et-Vilaine), **G. Sirodot, XI, 59.**

 7 planches : 1. Plan général du Mont-Dol.
      2 et 3. Profil perspectif du Mont-Dol (versant N.-E. et versant S.).
      4. Plan général des fouilles.
      5. Parallèle à la direction du 1er éboulement.
      6. Parallèle à la direction du 2eme éboulement.
      7. Parallèle à la direction du 3ème éboulement.

Synchronisme des stations humaines du Mont-Dol et du Bois du Rocher, **V. Micault, XI, 109.**

Note sur deux bracelets en or trouvés à Créhen (Côtes-du-Nord), **V. Micault, XI, 150.**

L'Acheuléen et le Moustérien à propos du Mont-Dol et du Bois du Rocher, **de Mortillet, XII, B. 12.**

Analyse d'un mémoire sur les découvertes de l'abbé Bourgeois à Thenay, **V. Micault, XII, B. 41.**

Note sur des fouilles faites par les abbés Le Bourdellès et Le Dantec près Rospez, **Abbé Le Bourdellès, XII, B. 46.**

Analyse d'un mémoire sur un Dolmen sous tumulus à Plévenon, **Dr Douillet**, XII, B. 53.

Résultat des fouilles faites au Dolmen de Parc-en-Feun, **Abbé Audo**, XII, B. 55.

Note sur les gisements nouvellement reconnus de certaines substances minérales rares employées comme ornements ou comme outils par les tribus préhistoriques ou les tribus sauvages, **Comte de Limur**, XII, 87.

Communication sur la date de l'époque dite Age de bronze, **Pocard-Kerviler**, XIII, B. 50.

Discussion sur divers Chronomètres fournis par la Géologie pour mesurer l'antiquité de l'homme, **V. Micault**, XIII, 151.

Des Origines de l'homme, **V. Micault**, XIII, 209.

Aperçu sommaire de quelques monuments anciens de Bretagne, **E. Fornier**, XIII, 283.

Fouilles archéologiques au bourg de La Motte, à St-Théo et à Gausson, **Ernoul de La Chénelière**, XIII, 291.

> 1 planche : Plan de la Grotte sépulcrale de Gausson.

Fouilles archéologiques à St-Théo, en Plouguenast, **Jules Morvan**, XIV, 89.

Rapport sur une découverte d'objets d'or et de bronze au Guern-ar-Floc'h, en Maël-Pestivien, **V. Micault**, XIV, 138.

> 2 planches : 1. Objets d'or.
> 2. Objets d'or et de bronze.

Exploration des monuments de Kerugou, de Kerflant, de Pen-ar-Menez et de Kervilloc, en Plomeur et Treffiagat (Finistère), **P. du Chatellier**, XIV, 182.

> 5 planches : 1. Plan du monument de Kerugou en Plomeur.
> 2. Objets trouvés au lieu ci-dessus.
> 3. Monuments de Pen-ar-Ménez en Treffiagat.
> 4. Objets trouvés au lieu ci-dessus.
> 5.   id.   id.

Exploration du cimetière Gaulois de Kerviltré, en St-Jean-Trolimon, **P. du Chatellier**, XIV, 251.

> 3 planches : 1. Urnes et anneaux de bronze fig. 1 à 12.
> 2. Urnes et armes en bronze fig. 14 à 32.
> 3. Anneaux, colliers d'or, armes en bronze, fig. 13, et 33 à 51.

Note à l'occasion de la trouvaille de Quintin extraite du catalogue raisonné du musée archéologique de la ville de Rennes, **Communication de la Direction**, XIV, 262.

Communication sur une découverte d'objets anciens en Mûr, **Victor Micault**, XV, B. 7.

Compte-rendu d'une trouvaille d'objets de bronze par M. du Chatellier, à Lesconil, en Plobannalec, **V. Micault**, XV, B. 17.

Compte-rendu d'une trouvaille d'objets de bronze, près Lannion, **Ernoul de La Chénelière**, XV, B. 18.

Notice sur un tumulus danois dans les Côtes-du-Nord, **Clouet**, XV, 14.

Note sur la fouille d'un tumulus dit la Bosse-du-Pez, en Saint-Nazaire-sur-Loire, **G. Thubé**, XV, 21.

Exploration d'un monument circulaire à Kerbascat et port ancien dans les marais de Pont-Men, en Tréguénec (Finistère), **P. du Chatellier**, XV, 49.

 1 planche : Plan, coupe et poteries.

Menhir-autel de Kerruz, en Pont-l'Abbé (Finistère), découvert à Kervadel, en Plobannalec, **P. du Chatellier**, XV, 125.

Trouvaille de deux chaines d'or en Pont-l'Abbé (Finistère), **P. du Chatellier**, XVI, B. 15.

Exploration du tumulus et du menhir de Run, en Treffiagat (Finistère), **P. du Chatellier**, XVI, 1.

 1 planche : Plan, poteries, silex.

Les habitants des cités lacustres de l'âge de la pierre (1ère partie), **V. Micault**, XVI, 88.

Les habitants des cités lacustres de l'âge de la pierre (2ème partie), **V. Micault**, XVII, 1.

Sépulture de Stang-ar-Run, à Mahalon (Finistère), **P. du Chatellier**, XVII, 45.

 1 planche : Plan, poteries, silex.

Exploration du tumulus du Gorré, à Plouhinec (Finistère), **P. du Chatellier**, XVII, 59.

Exploration d'un tumulus de l'âge du fer à Plas-Kerwen, en Cavan (Côtes-du-Nord), **V. Micault**, XVII, 63.

Fouilles du tumulus de Castel-Coagno, en Cavan, **G. Thubé**, XVII, 81.

 1 planche : Plan et coupe du tumulus.

Inventaire des monuments mégalithiques du département des Côtes-du-Nord, **G. Ernoul de La Chénelière**, XVII, 85.

Deuxième inventaire des monuments mégalithiques du département des Côtes-du-Nord, **G. Ernoul de La Chénelière**, XVII, supplément.

Exploration du tumulus de Porz-ar-Laoz, en Trémel (Côtes-du-Nord), **Abbé Prigent**, XVII, 173.

 1 planche : Plan, coupe, épées en bronze, pointes de flèches.

Note sur une sépulture trouvée à Kérity (Côtes-du-Nord), **Ernoul de La Chénelière**, XVII, 195.

> 1 planche : Grand vase.

Exploration de l'allée couverte de Kerbannalec, en Beuzec-cap-Sizun, **P. du Chatellier**, XVII, 199.

> 1 planche : Plan, poteries, silex, celtœ, fusaïoles.

Etude sur un objet celtique en or, inédit, trouvé dans les environs de Brest, **Ernoul de La Chénelière**, XVII, 207.

> 4 planches : 1. Objet en or, inédit.
> 2. Objet en or appartenant à la bibliothèque nationale.
> 3. Menhir ar-Guéyel près Lannion, (Côtes-du-Nord).
> 4. Cuiller servant au couronnement des rois d'Angleterre.

Note sur des haches en jadéite, trouvées dans le tumulus de Locmaria en Plœmeur, près Lorient, **V. Micault**, XVII, 229.

> 1 planche : Deux haches, plan et coupe.

Mention de quelques découvertes archéologiques faites en Bretagne, **V. Micault**, XIX, B. 22.

Exploration du petit tumulus de Kergourognon en Prat (Côtes-du-Nord), **Abbé Prigent**, XIX, 1.

Fouille du grand tumulus de Tossen Kergourognon en Prat, **Abbé Prigent**, XIX, 15.

> (Les planches auxquelles renvoie ce mémoire n'ont pas été publiées).

Essai sur la détermination de l'âge de quelques tumulus de Bretagne, **V. Micault**, XIX, 121.

Exploration des tumulus de Run-Aour et de la Torche, en Plomeur (Finistère) et du Kjokkenmôdding de la Torche, **P. du Chatellier**, XIX, 175.

> 1 planche : Plans, poteries. silex.

Exploration de quelques sépultures de l'époque du bronze dans le Nord du département du Finistère, **P. du Chatellier**, XX, 1.

> 2 planches : 1. Armes, poteries, plan et coupe fig. 1 à 20.
> 2. id. id. fig. 21 à 27 et plan cadastral.

Exploration d'un dolmen en Trégueux et découverte d'une sépulture gallo-romaine en Saint-Méloir, **G. de La Chénelière**, XX, 45.

Description de sept épées et d'un poignard en bronze découverts à Saint-Brandan, **V. Micault**, XX, 55.

Carte des monuments mégalithiques des Côtes-du Nord, **de La Chénelière**, XXI, B. 11.

Exploration de quelques sépultures de l'époque du bronze dans l'Ouest et le Sud du département du Finistère, **P. du Chatellier,** XXI, 1.

> 4 planches : 1. Alignements et enceintes au Sud de Kercolléoc'h en Crozon.
> 2. Objets trouvés dans le tumulus de Kerstrobel, Kéréon et autres.
> 3. Plan de la nécropole de Lesconil en Plobannalec.
> 4. Objets trouvés dans la nécropole de Lesconil.

Parallèle entre les sépultures de l'époque du bronze découvertes en Bretagne, conclusions déduites des faits observés, **P. du Chatellier,** XXI, 39.

Exploration de divers monuments dans le Finistère, **Abbé Abgrall,** XXI, 59.

> 1 planche : Plan, coupe, objets trouvés.

Epées et poignards de bronze des Côtes-du-Nord, Finistère et Ille-et-Vilaine, **V. Micault, XXI, 71.**

> 6 tableaux : 1. Epées trouvées dans les Côtes-du-Nord.
> 2. Epées trouvées dans le Finistère.
> 3. Epées trouvées dans l'Ille-et-Vilaine.
> 4. Poignards trouvés dans les Côtes-du-Nord.
> 5 et 6. Poignards trouvés dans le Finistère et l'Ille-et-Vilaine.

Epées et poignards de bronze du Morbihan et de la Loire-Inférieure, **du Dréneuc de Lisle, XXI, 126.**

> 4 tableaux : 1. Dagues et épées de bronze de la Loire-Inférieure.
> 2. Dagues et épées de bronze du Morbihan.
> 3 et 4. Poignards de bronze de la Loire-Inférieure et du Morbihan.

Note sur une sépulture en la commune de Gourien (Finistère), **P. du Chatellier, XXIV, B. 16.**

Trouvaille d'objets en bronze de l'époque Larnaudienne dans la commune de Plurien, **J. Lemoine, XXVI, 39.**

> 1 planche : 23 haches.

Le département du Finistère des temps préhistoriques à l'occupation romaine, **P. du Chatellier, XXVI, 52.**

« La France préhistorique » de M. de Cartailhac (analyse), **P. du Chatellier, XXVII, B. 56.**

Note sur un débris de hache en pierre, jadis polie, sillonnée de petites stries, **Le Coz, XXVII, B. 84.**

Moyens employés pour la fabrication des objets en pierre à l'époque de la pierre polie et au commencement de l'âge du bronze, **J. Lemoine, XXVII, 204.**

> 2 planches : 1. Figures 1 à 8.
> 2. Figures 9 à 15.

Découverte de cavernes sépulcrales en Hénon, **Vicomte de Bélizal,** XXVII, 211.

> 5 planches : 1. Plan et coupe des cavernes.
> 2. Poteries diverses fig. 1, 6, 9, 10, 11, 12.
> 3. Poteries fig. 13, 14, 15, 16, 17, 18.
> 4. Poteries fig. 2, 5, 7.
> 5. Poteries fig. 2 bis, 3, 4, 8.

Crâne trépané découvert à Crozon (Finistère), le 20 septembre 1843, **P. du Chatellier,** XXVIII. 53.

> 1 planche : Deux crânes.

Observations faites sur deux crânes provenant de Crozon, **Dr Corre.** XXVIII, 58.

Notice sur des découvertes faites dans le Finistère en 1889 et 1890. **P. du Chatellier,** XXIX, B. 21.

Nos origines : La Gaule avant les Gaulois par M. A. Bertrand (analyse) **P. du Chatellier,** XXIX, B. 85.

Sépulture de Kerguerriec, en Goulien (Finistère), établissement romain de Troguer, en Cléden (Finistère). Lettre de M. Flouest sur le Dieu au Maillet, **P. du Chatellier,** XXIX, 197.

Cachette de l'âge du bronze à Saint-Brieuc-des-Iffs (Ille-et-Vilaine). **J. Lemoine,** XXX, 89.

> 3 planches : 1. Armes en bronze fig. 1, 2, 8, 14, 14 bis, 15, 17 bis, 24.
> 2. id. fig. 3, 4, 5, 10, 13, 16, 20, 21, 22, 23.
> 3. id. fig. 6, 7, 9, 11, 12, 17, 18, 19.

Notice sur une pierre à cupules découverte à Saint-Symphorien, près Hédé (Ille-et-Vilaine), **Anne-Duportal,** XXX, 104.

Saint-Mirel et sa pierre à bassins, **Anne-Duportal.** XXX, 173.

Note sur les fouilles du tumulus d'Avalleu en Plémy, **Commandant Martin,** XXXI, B. 9.

Note sur la pierre sculptée du Rillan, **Trévédy,** XXXI, B. 73.

De quelques squelettes découverts dans le Finistère, **P. du Chatellier,** XXXI, 35.

> 1 planche : Deux crânes et extrémité de fémur.

Exploration d'un tumulus de l'âge du bronze au Ty-guen (Landivisiau) **J. Lükis, Esq.** XXXII, 23.

Fouilles exécutées en Hénon, **Anne-Duportal,** XXXII, 150.

> 2 planches : 1. poteries, fig. 1, 2, 2 bis, 3, 4.
> 2. id. fig. 5, 6, 7, 8, 9, 10.

Note sur le classement des monuments mégalithiques, **D. Tempier,** XXXII. 241.

Les fouilles de la Société d'Emulation. Excursion archéologique dans le canton de Callac. La grotte du Rocher-Martin, **G. Fraboulet**, XXXIII, 152.

> 2 planches : 1. Dolmen *Toul en ours*.
> 2. Menhirs, *Méan sonn bihan* et *La dent de Saint-Servais*.

Les signes des monuments mégalithiques de la Nouvelle-Calédonie, **Lionel Bonnemère**, XXXIII. 145.

SCIENCES MATHÉMATHIQUES,
PHYSIQUES, NATURELLES

Note sur la comète de 1861, **Bellanger**, I, 1861, 4ème B. 34.

Note sur une expérience relative à la formation de la queue des comètes, **Nimier**, I, 1861, 4ème B. 35.

Note sur le procédé d'analyse chimique par le spectre lumineux, **Nimier**, I, 1861, 4ème B. 36.

Note sur la benzine et ses dérivés, **Thouvenin**, I, 1861, 4ème B. 39.

Note sur le télégraphe électrique, **Ernest Leuduger-Fortmorel**, I. 1861, 4ème B. 40.

Exposition de la théorie de l'injecteur Giffard, **Boëjat**, I, 1861. 4ème B. 44.

Note sur la navigation aérienne, **Bellanger**, I, 1864, B. 3.

Note sur la salamandre, **Huguet**, I, 1864, B. 7.

Note sur un nouvel appareil de sûreté pour les mineurs, **Nimier**, I, 1864, B. 12.

Notice sur un système nouveau d'appareils sterhydrauliques, **Bellanger**, II, B. 176.

Essai d'une classification des sciences, **Dr Guibert**, II, B. 194.

Une nouvelle source de production d'éclairage au gaz, **Kersanté**, III. B. 37.

Mémoire sur le scolyte de l'orme, **Guéry**. III. B. 82.

Etude sur les transformations géologiques du sol de la Bretagne, **Bonnefin**, III. B. 89.

Note sur la géologie du département, **Le Coz**, III. B. 103.

Notice sur l'origine et la formation de la houille. **Micault de la Vieuville**, III. B. 104.

TABLE ALPHABÉTIQUE DES CHAPITRES. 55

Essai sur une nouvelle classification des sciences, **Dr Guibert**, III, 137.

Note sur un baromètre à échelle mobile, **Le Coz**, III, 153.

Note sur l'équivalent mécanique de la chaleur, **Fournié**, V, 74.

De la flamme, **Nimier**, VII, B. 8.

Des météorites. **V. Micault**, VIII, B. 58.

De la formation accidentelle des glaçons, **Colonel Clarinval**, VIII, B. 98.

Notes sur la contractilité de la surface des liquides, **Massieu**, X, 3.

Résultats des expériences sur la manière dont se sont formées les différentes substances minérales, **Lechartier**, X, 10.

Note sur la staurotide et sur l'analyse immédiate des minéraux, **Lechartier**, X, 17.

Note sur un mica chromifère, **Micault**, X, 19.

Age géologique des roches du nord du Finistère, **D^r Le Hir**, X, 23.

Note sur les causes des périodes glaciaires, **Le Coz**, X, 32.

Note sur ses conférences à l'exposition scientifique et sur sa collection géologique, **Cte de Limur**, X, 37.

Oiseaux de passage en Bretagne, **Dr Blandin**, X, 49.

Parallèle des plantes de l'Ouest et du Bourbonnais, **Marquis de La Roche**, X, 105.

Hybrides bourbonnaises et occidentales, **Marquis de la Roche**, X, 113.

De l'influence du climat marin de Brest pour l'acclimatation de certaines plantes, **Coutance**, X, 121.

Communication sur un gisement d'argile près Binic, **Le Coz**, XI, B. 35.

Hydrographie de la région traversée par le chemin de fer de Saint-Brieuc à Pontivy (analyse), **Mazellier**, XI, B. 45.

Lettre sur l'hydrographie de la région traversée par le chemin de fer de Saint-Brieuc à Pontivy, **Mazellier**, XI, B. 47.

Note sur l'hydrographie de la contrée traversée par le chemin de fer de Saint-Brieuc à Pontivy, **Aubé**, XI, B. 79.

Analyse d'un travail sur le passage de Vénus devant le soleil, **Morvan**, XI, B. 92.

Compte-rendu de la 39ème session du Congrès scientifique de France, tenue à Paris en 1873, XI, 1.

Note sur le pendule à oscillations ralenties, **abbé Fr. Le Bourdellès**, XI, 27.

Compte-rendu d'une visite au Congrès géologique de Mons. Le terrain crétacé et le terrain tertiaire, **Le Coz**, XII, B. 4.

Note sur une roche, le jade gris océanien, découverte dans la baie de Roguédas, près Vannes, Cte **de Limur**, XII, B. 58.

Etude sur les glaciers de Suisse, **Le Coz**, XII, B. 61.

Etude sur les spongiaires, **abbé Etienne-Raphaël Garnier**, XII, 33.

Description du massif breton, Cte **de Limur**, XII, 106.

Généralités sur les diatomées, **Dr Leuduger-Fortmorel**, XII, 130.

Emploi de l'oxyde de plomb dans les analyses qualitatives au chalumeau, **V. Micault**, XIII, 63.

Notes sur les diatomées, **Dr Leuduger-Fortmorel**, XIII, 147.

Programme du concours géologique, agricole et scientifique ouvert par la Société d'Emulation, XV, B. 52.

Notice sur le téléphone, **Théodose Sébert**, XV, 1.

Essais qualificatifs de l'acide tungstique et des divers tungstates naturels, **V. Micault**, XV, 57.

    1 tableau des analyses faites.

Catalogue des diatomées de l'île de Ceylan, **Dr Leuduger-Fortmorel**, XV, 161.

    9 planches comprenant 104 diatomées.

Les plantes carnivores, **Dr Lemoine**, XVI, 16.

Traces de grands glaciers dans les Côtes-du-Nord, **Le Coz**, XVI, 120.

Note sur un météorite tombé à Kérilis, en Maël-Pestivien, **Daubrée**, XVII, B. 39.

Les Sept-Iles et le Calculo. **J. Trévédy**, XXIII, 20.

Etude de quelques infiniment petits, **Cuziat**, XXIV, 17.

Etude sur les ferments, **Cuziat**, XXIV, 31.

Les perles de Mulettes, **Lionel Bonnemère**, XXVIII, B. 17.

Essai sur l'histoire des sciences, **Carmejeanne**, XXX, B. 10.

Le rôle de la photographie dans ses diverses applications, **Detaille**, XXXII, B. 14.

III

TABLE ALPHABÉTIQUE DES NOMS DES AUTEURS

Avec le titre de leurs travaux

1861 — 1895

De même que dans la table méthodique des matières, le premier chiffre *chiffre romain*) indique le volume, le deuxième (*chiffre arabe*) la page ; lorsque le numéro de la page est précédé de la lettre B, c'est que le travail ne figure qu'aux bulletins, tous les autres travaux doivent être recherchés aux mémoires.

Frère ABEL

La pomologie, XXXII, B. 39.

Chanoine ABGRALL

Exploration de divers monuments dans le Finistère, XXI, 59.

AMIARD

Note sur la signification de : « Suivez la nature », II, B. 43.

ANNE-DUPORTAL

Note sur une monnaie d'Otacilla Severa trouvée à Saint-Brieuc, XXIX, B. 118.

Deux comptes de dépenses du milieu du xvᵉᵐᵉ siècle, XXIX, 148.

La famille de La Tourneraye, XXIX, 167.

Notice sur une pierre à cupules découverte à Saint-Symphorien, près Hédé, XXX, 104.

Saint-Mirel et sa pierre à bassins, XXX, 173.

Un gouverneur de Hédé en 1767, XXXI, 143.

Fouilles exécutées en Hénon, XXXII, 180.

Quelques découvertes dans la rue St-Gilles à Saint-Brieuc, XXXIII, 182.

ANONYMES

Le génie du midi et le génie du nord, III, B. 43.

Vercingétorix (poésie), III, B. 92.

Idylles (poésie), XXVI, B. 31.

AUBÉ

Note sur l'hydrographie de la contrée traversée par le chemin de fer de Saint-Brieuc à Pontivy, XI, B. 79.

Dr AUBRY

Une lettre de Le Sage, XXIX, B. 117.

La chaudière des pauvres à Lorient en 1762, XXXI, B. 24.

Un règlement de police à Dinan en 1762, XXXI, 189.

Lettre-patente de Henri IV portant érection d'un présidial à Dinan en 1598, XXXI, 196.

De la conservation des cadavres par le sel, XXXII, B. 13.

Le traitement de la diphtérie du Dr Roux, XXXII, 212.

La lèpre et les lépreux en Bretagne, XXXIII, 126.

Note sur les crânes trouvés à Saint-Brieuc, dans la rue Saint-Gilles, XXXIII, 200.

Abbé AUDO

Saint-Caradec et son monastère, V, 11.

Essai sur le Pagus ou pays de Quintin, X, 503.

Résultat des fouilles du dolmen de Parc-an-Feun, XII, B. 55.

D'AURIAC

Compte-rendu de la 16ᵉᵐᵉ réunion des Sociétés savantes à la Sorbonne, XV, B. 26.

Note sur quatre lettres inédites de Mme de Maintenon, XV, 26.

BAHEZRE DE LANLAY

Rapport sur la réunion des délégués des associations agricoles à Paris, XXVI, B. 22.

BAHIER

Réflexions sur l'enseignement agricole, II, 83.
Du bétail au point de vue alimentaire, industriel et commercial, VIII, B. 40.
Etude comparative sur le métayage et le fermage, X, 180.

BARISEAU

Le chant des Bardes massacrés par Edouard Ier (poésie), IV, 64.

DE BARNEVAL

Le Parnasse breton contemporain, XXVII, B. 53.

A. DE BARTHÉLEMY (Membre de l'Institut)

La légende de saint Budoc et de sainte Azénor, III. 235.

Mgr BÉCEL

Oraison funèbre de Mgr David, évêque de Saint-Brieuc, XX, 1.

Sir John BEDDOE'S

Caractères physiques de la race celtique, IV, 367.

BELLANGER

Note sur la comète de 1861, I, 1861, 4ème B. 34.
Note sur la navigation aérienne, I, 1864, B. 3.
Notice sur un système nouveau d'appareils sterhydrauliques, II, B. 176.

BELLOM

Exhibition d'un vase très ancien trouvé aux environs de Paimpol, XI. B. 31.

Mgr BÉLOUINO

Mémoire sur l'utilité d'un glossaire de notre vieille langue, V. 59.
De l'art, VII, B. 29.
De la fonction de l'art, VIII, B. 45.
De la philosophie de l'art, XIII, 25.
      Id.   (suite), XIV, 52.
      Id.   (fin), XVII, 49.
Du patriotisme dans l'art, XXVI, 17.

BERNARD

Révolte (sonnet), XXVIII, B. 19.
Chevalerie (poésie), XXIX, B. 6.

Dr BLANDIN

Oiseaux de passage en Bretagne, X, 49.

BOBY DE LA CHAPELLE

Une question de Zootechnie agricole. Le Porc, XXXIII. 46.

BOËJAT

Exposition de la théorie de l'injecteur Giffart, I, 1861, 4ème B. 44.

Vte DU BOIS DE LA VILLERABEL

Les deux La Mennais (fragments inédits), XXVI, 271.
Gestes des Bretons en Italie au XIVème siècle. XXVII. 73.
A travers le Vieux Saint-Brieuc (1ère partie), XXVIII, 285.
      Id.   (2ème partie), XXIX. 1.

BONNEFIN

Etude sur les transformations géologiques du sol de la Bretagne, III,
  B. 89.

BONNEMÈRE

La Bretagne et les Védas, XVI, 117.
Le poète Virgile et la Gaule, XXVIII. B. 15.
Les perles de Mulettes. XXVII. B. 17.

La Troie d'Homère et le camp de Péran, XXIX, B. 27.

Le Maël Béniguet, XXXII, B. 24.

Les signes des Monuments mégalithiques de la Nouvelle-Calédonie, XXXIII, 145.

BOUGLÉ

Pierre Loti, XXXIII, B. 12.

Alexis BOULLÉ

Note sur quelques pages de M. Le Sage « La vérité sur le présent et le passé de l'abbaye de Léhon », XXXI, B. 21.

Note à propos d'un rapport du marquis de Lestourbeillon sur « l'importance des Archives particulières des châteaux bretons », XXXII, B. 51.

Divers comptes-rendus de concerts (voir ce chapitre à la table précédente, page 28).

CARER

La chanson de Marie-Anna (breton et français), IV, annexes, 42.

CARMEJEANNE

La crise agricole, supplément au T. XXVI, 1.

Archéologie et civilisation, XXVII, 106.

Esthétique ; de la musique et de son influence sur l'esprit humain, XXVIII, 181.

Essai sur l'histoire des sciences XXX, B. 10.

Les Origines du monde. L'homme avant notre ère, par le **baron Halna du Fretay** (analyse), XXXI, B. 34.

Divers comptes-rendus de concerts (voir ce chapitre à la table précédente, page 28).

CAURET

Comment les Anglais furent massacrés à Lamballe, XXIV, B. 39.

Un essai d'éclairage électrique à Saint-Brieuc, XXV, 261.

DE CESSAC

Note sur les forts vitrifiés de la Creuse, IV. B. 39.

CHABOUILLET

Rapport au Congrès des Sociétés savantes à la Sorbonne pour l'attribution d'une médaille d'or à la Société d'Emulation des Côtes-du-Nord, XIII, B. 33.

DE CHALUS

Jobert de Lamballe, d'après ses lettres, XXIII, 34.

CHANON

Etude sur la loi Grammont, XII, 64.
Du droit de détruire les animaux nuisibles, XV, B. 19.

CHARAUX

Etude sur Hippolyte de la Morvonnais, III, 205.
Adieux à la Bretagne (poésie), VI, B. 55.

Armand DU CHATELLIER

Ville et évêché de Kemper (Documents inédits), XXV, 81.

Paul DU CHATELLIER

Monuments de Kérugou, Kerflant, Pen-ar-Menez et Kervilloc, en Plomeur et Treffiagat, XIV, 182.
Cimetière gaulois de Kerviltré, en St-Jean-Trolimon, XIV, 251.
Monument circulaire à Kerbascat et port ancien dans les marais de Pont-Men, en Tréguénec, XV, 49.
Menhir-autel de Kernuz, en Pont-l'Abbé, XV, 125.
Trouvaille de deux chaines d'or en Pont-l'Abbé, XVI, B. 45.
Exploration du tumulus et du menhir du Run, en Treffiagat, XVI, 1.
Sépulture du Stang-ar-Run, à Mahalon, XVII, 45.
Exploration du tumulus du Gorré, à Plouhinec, XVII, 59.
Allée couverte de Kerbannalec, en Beuzec-Cap-Sizun, XVII, 199.
Exploration des tumulus de Run-Aour et de la Torche, en Plomeur, et du Kjokkenmödding de la Torche, XIX, 175.
Notice nécrologique sur M. Flouest, XXIX, 211.
Exploration de quelques sépultures de l'époque du bronze dans le Nord du Finistère, XX, 1.
Exploration de quelques sépultures de l'époque du bronze dans l'Ouest et le Sud du Finistère, XXI, 1.

Parallèle entre les sépultures de l'époque du bronze découvertes en Bretagne, XXI, 39.

Note sur une sépulture, en Gourien, XXIV, B. 16.

Lettres inédites de Cambry, XXIV, 42.

Le département du Finistère des temps préhistoriques à l'occupation romaine, XXVI, 52.

« La France préhistorique » de Cartailhac (analyse), XXVII, B. 56.

Crâne trépané découvert à Crozon, XXVIII, 53.

Notice sur des découvertes faites dans le Finistère en 1889 et 1890, XXIX, B. 21.

« Nos origines. La Gaule avant les Gaulois », par M. A. Bertrand (analyse), XXIX, B. 85.

Sépulture de Kerguerriec, en Goulien, XXIX, 197.

Etablissement romain de Troguer, en Cléden, XXIX, 206.

De quelques squelettes découverts dans le Finistère, XXXI, 35.

Colonel CLARINVAL

De la formation accidentelle des glaçons, VIII, B. 98.

Des prairies et des foins, X, 185.

DE CLOSMADEUC (de Lamballe)

La Tourmente (poésie), VIII, B. 22.

D^r DE CLOSMADEUC

Du mode de sépulture et des Ossements dans les dolmens du Morbihan, IV, 192.

CLOUET

Invasion des Normands dans le Berry, X, 478.

Caractères propres aux fortifications normandes, XI, 43.

Notice sur un tumulus danois dans les Côtes-du-Nord, XV, 14.

Abbé COCHERIL

Des langues de l'Europe et de l'Asie, VIII, B. 54.

COLLET & MORIN

Les monuments mégalithiques de Bretagne, IX, 94.

Commandant COLLIN-PORTJÉGOUX

Excursion à Tralles et à Hierapolis, XXVI, 299.

CONSTANTIN

De la peste bovine, X, 223.

Dr CORRE

Observations faites sur deux crânes provenant de Crozon, XXVIII, 58.

COUTANCE

De l'influence du climat marin de Brest pour l'acclimatation de
certaines plantes, X, 121.
De l'instinct de la parure, XXIX, B. 47.

CUZIAT

Des engrais phosphatés, XVII, 39.
De l'influence de l'épine-vinette sur les céréales, XX, 27.
Etude de quelques infiniment petits, XXIV, 17.
Etude sur les ferments, XXIV, 31.

Abbé DANIEL

Un point d'histoire armoricaine de la fin du IVème siècle, III, 95.
Un capitaine breton au XIVème siècle, VI, 13.
Notice nécrologique sur le général Cte de Goyon, VIII, B. 73.
Notice nécrologique sur l'abbé Huart, vicaire général, VIII, B. 87.
Etude sur un manuscrit relatif à la canonisation de saint Yves, XIV, B. 28.

DAUBRÉE

Note sur un météorite tombé à Kérilis, en Maël-Pestivien, XVII, B. 39.

Abbé DAUPHIN

Des lectures d'agrément, II, 265.

Mgr DAVID

Quelques paroles prononcées sur le cercueil de M. Geslin de Bourgogne, XIV, en tête du volume.

A. DAVID (de Morlaix)

Adieux du conscrit breton (Traduction en vers français), IV, annexes. 65.

DEPASSE

Observations sur la loi de 1861 relative aux céréales. III, 1.

DETAILLE

Le rôle de la photographie dans ses diverses applications, XXXII. B. 14.

DE DION

Les églises rondes, X, 460.

Dr DOUILLET

Note sur des fouilles pratiquées au Soutoué, en Hénansal, XI, B. 41.
Analyse d'un mémoire sur un dolmen sous tumulus en Plévenon, XII, B. 53.

DU DRÉNEUC DE L'ISLE

Epées et poignards de bronze du Morbihan et de la Loire-Inférieure, XXI, 126.

DROGUET

Notice sur un objet des premiers âges du fer, XIV, 209.

DUJARDIN

Pont métallique du Guildo, I, 1864, B. 15.
Notes sur la construction du phare des Triagos, II, 241.
Des révolutions du globe avant l'apparition de l'homme sur la terre, III, B. 25.
Observations sur le rapprochement du système nerveux avec la télégraphie électrique, III, B. 55.
Essai sur l'association et les syndicats, III, B. 133.
Notice sur une excavation trouvée à Kérity, III, B. 139.
Lettre sur l'Algérie, VII, B. 91.

ERNAULT

Adresse à l'Océan (poésie traduite de lord Byron), II, B. 199.

Etude critique sur le dictionnaire de la langue française, de M. Littré, XIV, B. 12.

De l'urgence d'une exploration philologique en Bretagne, XIV, 101.

Poèmes bretons traduits du *Barzaz-Breiz*, en vers français, XIX, 93.
     Id.   Id.   XX, 33.

ERNOUL DE LA CHÉNELIÈRE

Fouilles archéologiques au bourg de La Motte, à Saint-Théo et à Gausson, XIII, 291,

Analyse des « Etudes critiques sur les abordages en mer », de M. Caffarena, XIV, B. 43.

Caractères des sépultures mérovingiennes, XIV, B. 47.

Article nécrologique sur M. Geslin de Bourgogne, XIV, B. 57.

Compte-rendu d'une trouvaille d'objets de bronze près Lannion, XV, B. 18.

Ruines romaines découvertes à la Grand'Ville, près Hillion, XV, 141.

Des peines en matière criminelle et correctionnelle, XVI, 8.

La géophagie. XVI, 63.

Inventaire des monuments mégalithiques des Côtes-du-Nord, XVII, 85.

2ème inventaire des monuments mégalithiques des Côtes-du-Nord, XVII. supplᵗ.

Note sur une sépulture trouvée à Kérity, XVII, 195.

Etude sur un objet celtique en or, inédit, trouvé aux environs de Brest, XVII, 207.

Exploration d'un dolmen, en Trégueux, et découverte d'une sépulture gallo-romaine à Saint-Méloir, XX, 45.

Carte des monuments mégalithiques des Côtes-du-Nord, XXI. B. 11.

Notice nécrologique sur Victor Micault et Mᵐᵉ Le Gros, XXI, B. 43.

Notice nécrologique sur le Dʳ Lemoine, XXII, B. 25.

Commandant ESNAULT

Les sémaphores, XII, 48.

De la création de stations météorologiques départementales, XII, 74.

Conférence sur les courants de l'air autour du Globe, d'après les travaux de Maury (analyse). XIII. B. 54.

Abbé ÉTIENNE

Restauration pratique du celto-breton, IV, 302.

Abbé EUZENOT

Un mot sur les cercueils de pierre du Morbihan. XI, 53.

EVEN

De la répression des abus de la mendicité, XII, B. 29.

R. P. FAGES

Etude sur les œuvres d'Hippolyte Violeau, XI, 165.
Etude sur Longuécand, poète malouin, XIV, 15.

FEITU

Le premier Consul au Conseil d'Etat, VII, B. 11.

Dr Samuel FERGUSON

Adieux à la Bretagne (poésie gallois et français), IV, 16.
La loi anglaise et la loi irlandaise d'après la partie publiée du
  Senchüs-Mor, IV, 310.

FIERVILLE

Notes pour une édition critique de Quintilien, XIII, 16.

FONTAINE

Jeanne d'Arc ; Les Bretons à Buzenval (poésies), XXX, 83.

FORNIER

Fouilles au Haut-Bécherel, commune de Corseul, en 1868 et 1869.
  VIII, 3.
Topographie des monuments mégalithiques, en collaboration avec
  Gaultier du Mottay, abbé Audo et Micault, IX, 119.
Atelier préhistorique du Bois-du-Rocher, en Pleudihen, X, 243.
Aperçu sommaire de quelques monuments anciens de Bretagne
  XIII, 283.
Note sur un jeton de Bretagne au nom de Henri. XVI. 33.

Catalogue des monnaies trouvées à Plourhan en 1881, XIX, 33.
Enceintes gauloises de la Ville-Pichard, en Pléneuf, XXV, 250.
Inscriptions gallo-romaines dans les départements d'Ille-et-Vilaine et
    des Côtes-du-Nord, XXIX, 170.
Les jetons de Bretagne, XXX, 1.

FOUCHER DE CARHEIL

Promenade en Amérique, VIII, B. 114.

FOURNIÉ

Note sur l'équivalent mécanique de la chaleur, V, 74.
Notice sur les progrès récents de la Météorologie, VII, 16.
Compte-rendu de la 39ème session du Congrès scientifique de France
    tenue à Pau en 1873, XI, 1.

FRABOULET

Quelques mots sur le théâtre et sur « Philippe » pièce de M. du
    Clésieux, XXII, B. 36.
Rapport sur la publication de l'album des richesses archéologiques de
    l'Armorique Occidentale, XXII, B. 48.
Notice nécrologique sur M. Lamare, XXIII, B. 52.
Quelques mots sur « Francillon » d'Alexandre Dumas, XXV, B. 6.
Neuf ans de procès pour un congément, XXVI, 115.
Quelques mots sur l'état civil, XXIX, B. 71.
Règles de conduite tracée par un père à son fils en 1805, cinq lettres
    de cachet et un anoblissement au XVIIIème siècle, XXXII, 1.
Notice nécrologique sur le Conseiller Fornier, XXXIII, B. 32.
Coup-d'œil rétrospectif sur les concerts de la Société d'Emulation,
    XXXIII, B. 38.
Lettres inédites de Brizeux, XXXIII, 9.
Les fouilles de la Société d'Emulation. Excursion archéologique dans
    le canton de Callac. La grotte du Rocher Martin, XXXIII, 152.
Les articles bibliographiques signés G. F. épars dans les volumes
    depuis le tome XXII.

Abbé FRANCE

Des foyers dans les églises, XV, 39.

DE FRÉMINVILLE

Vœu pour la conservation des monuments de Carnac, V, B. 31.

GAGON

Causerie sur la philosophie morale, VI, 3.
Les Corsaires bretons, VII, B. 32.

Abbé GARNIER

Les sourds-muets dans les Côtes-du-Nord, I, 1862, B. 40.

Abbé Etienne-Raphaël GARNIER

Etude sur les spongiaires, XII, 33.

DE GAULLE

Etude des littératures indigènes dans le pays celtique, IV, 254.

GAULTIER DE KERMOAL

Esquisse de l'industrie linière dans le département des Côtes-du-Nord.
  III, 171.
Réponses aux questions de la section d'agriculture de la Commission
  d'enquête parlementaire, VIII, B. 101.

GAULTIER DU MOTTAY

Note sur la construction des vitraux de l'église St-Michel, I, 1862, B. 15.
Substructions gallo-romaines découvertes près le bourg de Caulnes,
  II, 31.
Excursion pittoresque et historique dans les deux cantons de Dinan.
  II, B. 216.
Notice nécrologique sur MM. Adolphe de La Noüe et Bonnefin, III,
  B. 152.
Aux Gallois, les Bretons, Cantate (traduction en vers français), IV,
  annexes, 46.
Rapport sur l'exposition universelle, section de l'Enseignement, V,
  B. 50.
Etude sur les voies romaines en Bretagne, V, appendice, 1 à 185.
Dictionnaire de patois dans les Côtes-du-Nord VI, B. 58.

Rapport sur des inscriptions gallo-romaines (St-Méloir et Corseul), VIII, B. 83.

Rapport sur un projet de conservation des langues provinciales, VIII, B. 85.

Discours d'ouverture de la Section d'histoire et d'archéologie au congrès scientifique de France, IX, 58.

Note sur la chapelle Saint-Gonéry, en Plougrescant, XI, B. 41.

GÉRARD

Etude sur les femmes dans Shakespeare, XXIV, 232.

Albert GESLIN DE BOURGOGNE

Résumé des campagnes de Chine et de Cochinchine, II, 289.

Rapport sur les écrits de M. Tanguy. « Race chevaline », III, 35.

Rapport sur le Concours régional de Rennes en 1880, XVII, B. 16.

GESLIN DE BOURGOGNE

Etude sur les classes agricoles au Moyen-Age, I, 1861, 4ème B. 54.

Compte-rendu des travaux de la Société depuis sa fondation, I, 1864, B. 33.

Eglise Saint-Jacques, en Merléac, II. 1.

Notice nécrologique sur M. Saullay de Laistre et l'amiral Charner, II, 280.

Notice sur les peintures de l'église Saint-Michel, III, B. 13.

Note sur Jules Léquyer, III, B. 16.

Notice nécrologique sur l'abbé Pinochet, curé de St-Michel, III, B. 126.

Etude sur le camp de Péran, III, 49.

Coup-d'œil sur les monuments des Côtes-du-Nord, V. 20.

Note sur la verrière de l'église de Langast, VI, B. 65.

Article nécrologique sur MM. Quémar, Le Corvaisier, Bazin, Éon, Derrien, Campion, Dubus, Ogé, Haugoumar des Portes, de Saisy, VII, B. 53.

Note sur les verrières de La Ferrière, St-Lubin, Quemper-Guézennec et Lan-Salaün, VII, B. 76.

Compte-rendu des travaux lus à la Sorbonne en 1868, VII, B. 86.

Compte-rendu des fouilles de l'abbé Audo au Vieux-Bourg-Quintin, VII, B. 93.

Notice nécrologique sur M. Magnien, préfet des Côtes-du-Nord, VII, B. 99.

Notice nécrologique sur le Cte Rivaud de la Raffinière, ancien préfet des Côtes-du-Nord, VII, B. 106.

Notice nécrologique sur Mme Boullé, M. l'abbé Onfroy de Kermoalquin et M. Miorcec de Kerdanet, VIII, B. 122.

Dinan. Notes archéologiques et historiques, VIII, 19.

Du mouvement de la mer sur les côtes de Bretagne et de Normandie, X. 451.

Notice nécrologique sur MM. François Thiérot et François Perrio, XI. B. 38.

Camp retranché de Duretal (Côtes-du-Nord), XI. 34.

Les races maudites en Bretagne, XI, 207.

Etude sur la Bretagne féodale et militaire : Le Penthièvre, XII. 1.

  Id.   Id.   Le Porhoët, XIII. 75.

  Id.   Id.   Le Rohan, XIV, 1

Coup d'œil sur la féodalité en Bretagne XXIV, 1.

Le Commandant GESLIN DE BOURGOGNE

Mémoires d'Hercules de Lescouet, — sergents féodés, XXVII, 161.

Notice nécrologique sur la marquise Du Dresnay, M. le Dr Buffé. XXX, B. 26.

Notice nécrologique sur MM. le Cte de Tréveneuc, le Cte Achille du Clésieux, Le Coz, Armand Beuscher et Le Moussu, XXXI. B. 56.

Colonel Yves GESLIN DE BOURGOGNE

Lettre écrite du Sahara, VIII, B. 129.

Note sur l'occupation des Aurès par les Romains, XI, 118.

GODEFROY

Etude sur un nouveau Glossaire de la vieille langue française III. B. 128.

GOMART, LALLEMAND et MORIN

La destination des dolmens, IX, 118.

GOURDET

La plupart des comptes-rendus des concerts (voir ce chapitre à la table précédente, page 28).

72   TABLE ALPHABÉTIQUE DES NOMS DES AUTEURS.

Vᵗᵉ de GOUZILLON DE BÉLIZAL

Découvertes de cavernes sépulcrales en Hénon, XXVII, 212.
Journal de l'abbé de La Motte-Rouge député aux États en 1786,
XXVIII, B. 74.

GRENOT

Anciennes sépultures et allées couvertes, IX, 234.
Allées couvertes et chambres sépulcrales de la Basse-Bretagne, X, 304.

Capitaine GUÉRY

Mémoire sur le scolyte de l'orme, III, B. 82.

Dʳ GUIBERT

Essai d'une classification des sciences, II, B. 194.
Lecture sur l'anthropologie des Côtes-du-Nord, II, 47.
Essai sur une nouvelle classification des sciences, III, 137
Ethnologie armoricaine, IV, 338.
Projet d'une commission de statistique dans les Côtes-du-Nord, VII,
B. 103.
La variole et la vaccine dans les Côtes-du-Nord, VIII, B. 35.
Note sur des fouilles dans la rue Notre-Dame, XI, B. 24.
Les moyens d'arrêter la phtisie et autres tuberculoses, XXX, 183.

GUIGNIAUT, Secrétaire perpétuel de l'Académie

Rapport sur l'envoi à l'Académie par Mᵍʳ David, d'objets recueillis
dans le tumulus de Plésidy et d'une médaille d'or de Julien Nepos,
III, B. 29.

Abbé GUITTEREL

Le vœu d'un Kloarek, poésie (breton, français), IV, annexes, 94.
La rose et le rossignol, poésie (breton français), IV, annexes, 106.

Francisque GUYON

Exhibition d'une pierre sculptée aux armes de Rieux, XVII, B. 45.

Dʳ HALLÉGUEN

Aperçu de l'histoire de l'Armorique bretonne, IV, 153.

Introduction à l'histoire littéraire de l'Armorique bretonne des Vème et VIème siècles jusqu'à nos jours, IV, 274.

HAMON

De l'industrie séricicole dans les Côtes-du-Nord, II, 19.
De l'œstre du cheval, III, 59.
Du horse-pox des chevaux, V, 3.
Note sur des strongles géants, XI, B. 23.

Cte HARSCOUËT

Observations au sujet d'une demande d'interdiction de la mendicité dans le département, XII, B. 31.

Abbé HENRY

La bénédiction d'un nouveau manoir, poésie (breton et français), IV. annexes 104.

HERSART DE LA VILLEMARQUÉ, Membre de l'Institut

Les Bretons d'Angleterre et les Bretons de France, IV, 133.
Les pierres et les textes celtiques, IV, 225.

HUGUET

Note sur la salamandre, I. 1864, B. 7.
Observations à propos de l'ouvrage de M. Kersanté « De la nécessité d'un code rural en France », II, B. 205.
Observations à propos des recherches faites sur « Le mystère des bardes de l'isle de Bretagne », par M. Henri Martin, VII. B. 69.
Article nécrologique sur M. de Caumont, XI, B. 25.
Note sur le chevalier de Nouainville, XI, B. 30.

Rév. John JENKINS

Etude sur l'identité des dialectes bretons, cornouaillais (Angleterre) et gallois, IV, 251.

JOUBERT

La grève de Saint-Laurent ; Les gens calmes ; Dans la brume ; La bouteille à l'encre (poésies), XXIV. 8. 12. 268. 272.

La Charité (poésie), XXV, B. 12.

L'habit à boutons d'or ; L'à-propos ; La croix d'Alsace ; Le prix d'excellence (poésies), XXVI, 46, 49, 264, 268.

Conférence sur les œuvres de Mme A. Penquer, XXVII, 3.

La légende de Bretagne (poésie), XXVII, 137.

Bretagne (ode) ; Les gâteaux de ménage (poésie), XXVIII, B. 25, 77.

Les peupliers (poésie), XXVIII, 28.

A nos hôtes du Concours régional ; Le sucrier de grand'maman (poésies), XXIX, B. 53, 109.

Le rêve de Mignonnette (poésie), XXX, 79.

Les rubans jaunes ; Le bonnet de coton (poésies), XXXI, 30, 209.

Appel à la Charité (poésie), XXXII, B. 23.

Les bottes du cuirassier ; Pour les enfants diphtériques (poésies), XXXII, 146, 235.

Le cheval de bois ; Le passeur du Rhin ; Le marchand de marrons (poésies), XXXIII, 1, 6, 201.

JOURJON

Notice sur la ville et le port de Tréguier, XV, 235.

Sir James KENWARD, Esq.

L'Armorique en 1867 (gallois, breton, français), IV, annexes, I.

DE KERANFLEC'H DE KERNEZNE

Les amendements calcaires en Armorique avant le Xme siècle, XXVII, 64.

Note sur les retranchements et la tirelire de Saint-Gilles-Vieux-Marché. XXVIII, 170.

Miss KERCHEVER-ARNOLD

Étude sur les pierres à cercles de la grande et de la petite Bretagne. X, 273.

DE KERJÉGU

Discours d'ouverture de la section d'agriculture au Congrès scientifique de France, IX, 25.

KERSANTÉ

Une nouvelle source de production à l'éclairage au gaz, III, B. 37.

Mémoire sur les céréales, III, 8.

Du progrès agricole en Bretagne, X, 131.

De l'extinction de la mendicité par l'organisation de la bienfaisance. X, 521.

Rapport sur la session de la Société des Agriculteurs de France en 1874. XI, 193.

Rapport sur le Concours régional de Laval en 1879, XVI, B. 18.

DE LA BORDERIE, Membre de l'Institut

Saint-Maudez, XXVIII, 198.

Article nécrologique sur le vicomte Arthur du Bois de la Villerabel. XXIX, 1.

Saint-Goulven, XXIX, 214.

Saint-Hervé, XXIX, 251.

Histoire municipale de Tréguier (documents inédits), XXXII, 52.

DE LA GOUBLAYE DE MÉNORVAL

Note sur un cercueil en plomb découvert à Hillion, XXXIII, 204.

DE LALANDE DE CALAN

Bertrand d'Argentré, XXX, B. 28.

Les plaideurs bretons du temps jadis, XXXI, B. 62.

Les haras de Bretagne au XVIIIème siècle, XXXII, 173.

Le roman des origines bretonnes : Notre ancêtre Brutus, XXXIII, 104.

LAMARE

Article nécrologique sur Mgr Martial, évêque de Saint-Brieuc, I, 1861, 4ème B. 77.

Article nécrologique sur le comte de Kergariou, I, 1861, 4ème B. 78.

Article nécrologique sur le baron Thieullen, ancien préfet des Côtes-du-Nord, I, 1861, 4ème B. 78.

La psalette de Tréguier, I, 1863, B. 9.

Notice nécrologique sur M. Pugnet, ingénieur, II, B. 51.

De Guingamp à Plouaret, II, 46.

La famille de Boisgelin : Coup-d'œil sur le système féodal du Vème siècle, II, 103.

Rapport sur un pèlerinage archéologique à Plésidy, III, B. 28.

Le collège de Saint-Brieuc du XVIème au XIXème siècle, III, 65.

De l'esprit du droit breton en matière de succession, V, 33.
Histoire de la ville de Saint-Brieuc, XXII entier.
Notice nécrologique sur MM. Hoffmann, Vte de Champagny, Amiard,
    XXIII, B. 42.

LAMBERT

Les influences morales (poésie), XIII, 7.

DE LA MORVONNAIS

Réflexions sur la question du bétail, III, 30.

DE LA NOÜE

Cesson et ses environs (poésie), I, 1861, 4ème B. 72.

Mis DE LA ROCHE

Parallèle des plantes de l'Ouest et du Bourbonnais, X. 105.
Hybrides bourbonnaises et occidentales, X, 113.

Cte LATIMIER DU CLÉSIEUX

Hommage à la Société d'Emulation (poésie). I, 1861, 4ème B. 70.
Fragments d'un poème inédit, X, 590.

Cte DE LAUBIER

De l'industrie laitière en Bretagne, XXXII. 185.

LAULANIE

L'Armorique et ses chemins de fer, XXVII. 125.

LE BELLEC

Les engrais chimiques et les landes de Bretagne, X, 157.

Abbé LE BOURDELLÈS

Aux Gallois, les Bretons, cantate (breton et français), IV, annexes, 46.
Rapport sur un « Traité de linguistique » de M. Daniel de Landerneau,
    IX. 126.
Note sur la fabrication des fromages. X. 177.

Note sur le pendule à oscillations ralenties, XI, 27.
Note sur des fouilles faites près Rospez, XII, B. 46.

LE CARGUET

Découverte et exploration d'une station gauloise et d'un camp romain
sur la rive gauche du Goayen (Finistère), XXVIII, 33.

LECHARTIER

Résultats des expériences sur la manière dont se sont formées les
différentes substances minérales, X, 10.
Note sur la staurotide et sur l'analyse immédiate des minéraux, X, 17.
De l'emploi et des effets des engrais chimiques en Bretagne, X, 140.

LE CORNEC

Notice sur des chambres souterraines, en Trégrom, III, B. 138.

Abbé LE CORRE

Découverte de monnaies romaines à Penn-à-Nec'h, en Bulat-Pestivien.
XXI, B. 8.

LE COZ

Note sur la géologie du département, III, B. 103.
Note sur un baromètre à échelle mobile, III, 153.
Demande de fondation d'un prix pour un mémoire sur la langue et la
littérature bretonnes, IV, 73.
L'Homme avant l'histoire, VIII, B. 9.
Note sur les causes des périodes glaciaires, X, 32.
Communication sur un gisement d'argile près Binic, XI, B. 35.
Une visite au Congrès géologique du Mans. — Le terrain crétacé et le
terrain tertiaire, XII, B. 4.
Etude sur les glaciers de Suisse, XII, B. 61.
Compte-rendu d'un mémoire de M. Cassagné sur les fortifications
gauloises dans le Lot, XIV, B. 45.
Traces de grands glaciers dans les Côtes-du-Nord, XVI, 126.
Notes sur le rapprochement des éléments de statistique avec les obser-
vations météorologiques, XXII, B. 30.
Eléments météorologiques des dix premiers mois de 1884, à Saint-
Brieuc, XXII, B. 42.

Éléments météorologiques des mois de novembre et décembre 1884, XXIII, B. 28.

Éléments météorologiques des cinq premiers mois de 1885, XXIII. B. 29, 30, 51, 54, 71.

Météorologie des phénomènes ruraux, XXVI, suppl^t. 30.

Note sur un débris de hache, jadis polie, sillonnée de petites stries. XXVII, B. 84.

R. P. LÉCUYER

Discours d'ouverture de la section de littérature au Congrès scientifique de France, IX, 64.

Du sentiment poétique en Bretagne, X, 526.

Commandant LE GROS

Compte-rendu des travaux de M. de Cuverville sur la pêche côtière de la circonscription de Saint-Brieuc, X, 212.

LEFIÈVRE

Tableaux météorologiques mensuels de l'année 1890, XXVIII, B.

       Id.   1891, XXIX, B.

       Id.   1892, XXX, B.

       Id.   1893, XXXI, B.

       Id.   1894, XXXII, B.

       Id.   1895, XXXIII. B.

LE GUÉ

Notice sur René Fleuriot de Coatguenou. I. 1863, B. 4.

D^r LE HIR

Anciennes sépultures, IX, 235.

Age géologique des rochers du Nord du Finistère, X. 23.

LE JEAN

Représentation du Mystère de Sainte-Tryphine, IV, 128.

Les adieux du Barde, poésie (breton et français), IV, annexes, 52.

Les Bardes d'Armorique, id. (id.) IV, annexes, 72.

L'Hiver, id. (id.) IV, annexes, 114.

Les deux Bretagnes, Cantate. (breton), IV. annexes. 118.

LEMIÈRE

Examen critique des expéditions gauloises en Italie, X, 309.
Etude sur les Celtes et les Gaulois, XI, 246.
Deuxième étude sur les Celtes et les Gaulois, XIII, 83.
Les Celtes et les Gaulois, XVIII, entier.

Dr LEMOINE

Note sur les nouvelles découvertes de la science médicale, I, 1861, 4ème B. 51.
Etude sur les travaux du Dr Jobert, de Lamballe, I, 1864, B. 27.
De l'alcoolisme. Dangers de l'usage immodéré des spiritueux, II, 217.
Etude sur le système nerveux, III, 214.
La sorcellerie et la médecine, VII, B. 14.
Etude littéraire sur le Président Lambert, XIII, 1.
Etude sur Joseph Gouézou. XIII, 305.
Notice nécrologique sur l'abbé Jules Collin, XIV, B. 2.
Note sur le Docteur Rochard, XIV, B. 37.
Les plantes carnivores, XVI, 16.

Jules LEMOINE

Trouvaille d'objets en bronze de l'époque Larnaudienne, XXVI, 39.
Moyens employés pour la fabrication des objets en pierre à l'époque de la pierre polie et au commencement de l'âge du bronze, XXVII, 204.
Cachette de l'âge du bronze à Saint-Brieuc-des-Iffs (Ille-et-Vilaine), XXX, 89.

LE SAGE

Notes sur Dinan, XV, B. 30.

LESCOUR

La Harpe de Rumengol, poésie (breton et français), IV, annexes, 24.
Une mère et son enfant,   id.   (id.)   IV, annexes, 58.

Dr LEUDUGER-FORTMOREL

Considérations sur les taches de sang examinées au microscope dans les questions médico-légales. XII, 42.

Généralités sur les diatomées, XII, 130.
Notes sur les diatomées, XIII, 147.
Catalogue des diatomées de l'ile de Ceylan, XV, 161.
Note à propos des recherches de Pasteur sur le choléra des poules, XVII, B. 9.

Ernest LEUDUGER-FORTMOREL

Note sur la télégraphie électrique, I, 1861, 4ème B. 40.

LIMON

Rapport sur le concours agricole projeté en 1885. Programme, XXIII, B. 7.
Le cours commercial des engrais, XXIII, B. 47.
Les citernes à cidre, XXVI, annexes, 36.

Comte DE LIMUR

Note sur ses conférences à l'Exposition scientifique et sur sa collection géologique, X, 37.
Note sur une roche « le jade gris océanien » découverte dans la baie de Roguédas, près Vannes, XII, B. 58.
Gisements nouvellement reconnus de certaines substances minérales rares, XII, 87.
Description du massif breton, XII, 106.

LONGNON

Les cités gallo-romaines de Bretagne, X, 391.

Vicomte Charles DE LORGERIL

Conférence sur la démocratie agricole et le dégrèvement de l'impôt foncier, XXIX, B. 57.
Discours prononcé à l'occasion de son élection à la présidence de la Société, XXXII, B. 4.
Notice nécrologique sur M. Albert Geslin de Bourgogne, XXXII, B. 59.

LUCAS

Programme météorologique, XIII, B. 40.
Etude morale et philosophique sur l'enseignement populaire, XIV, 65.

LÜKIS

Exploration d'un tumulus de l'âge du bronze à Ty-gwen, en Landivisiau. XXXII. 23.

LUZEL

Représentation du Mystère de Sainte-Tryphine. IV. 128.
La langue de Bretagne, Bardit. (breton et français . IV. annexes. 30.
Mona, élégie,   (id.)   IV, annexes. 82.
Epilogue de la première journée de Sainte-Tryphine. (breton et français), IV, annexes, 86.
Adieux à la jeunesse, poésie (breton et français). IV. annexes, 96.
Marivonik, chanson populaire,   (id.)   IV. annexes. 110.
Traditions orales de la Basse-Bretagne, X, 541.

LYNCH

Traduction française de Cymry à Arvor de Sir James Kenward. IV, annexes, 126.

MAGNIEN

Du travail, VII, B. 5.

MARÉE

Note sur des tableaux météorologiques pour les années 1832 à 1842. I, 1863, B. 32.
Résumé d'observations météorologiques faites à Saint-Brieuc de 1838 à 1865. III, 252.

Henri MARTIN, Membre de l'Institut

De l'origine des monuments mégalithiques, IV, 164.
Le chant de mort de Cunedda. Le chant du vent, VII, B. 72.

Commandant MARTIN

Note sur les fouilles du tumulus d'Avallen, en Plémy. XXXI, B. 9.

MASSIEU

Congrès scientifique de France. Discours d'ouverture de la section des Sciences, IX, 13.
Notes sur la contractibilité de la surface des liquides, X, 3.

DE MAYNARD

De l'extase, X, 221.

MAZELLIER

Notice sur le camp vitrifié de Péran, X, 295.

Hydrographie de la région traversée par le chemin de fer de Saint-
Brieuc à Pontivy, XI, B. 45.

Lettre sur le même sujet, XI, B. 47.

Note sur une découverte de constructions et d'armes gauloises à
Lessart, près Dinan, XIV, 172.

Ernest MICAULT

De l'introduction de la betterave à sucre dans les Côtes-du-Nord,
XIV, 195.

Proposition de formation d'un groupe agricole parmi les membres de
la Société, XXII, B. 49.

Concours agricole ouvert par la Société d'Emulation en 1885, XXIII,
116.

Encouragement à l'agriculture en 1887, XXV, 276.

                Id.   1888, XXVI, B. 73.

Rapport sur les expériences de la commission d'agriculture en 1889,
XXVII, 219.

Rapport sur les expériences de la commission d'agriculture en 1890,
. XXVIII, 267.

Rapport sur les expériences de la commission d'agriculture en 1891,
XXIX, 334.

Rapport sur les expériences de la commission d'agriculture en 1892,
XXX, 207.

Rapport sur les expériences de la commission d'agriculture en 1893,
XXXI, 213.

Victor MICAULT

Des météorites, VIII, B. 58.

Note sur un mica chromifère, trouvé dans la commune de Plancoët,
X, 19.

Atelier préhistorique du Bois-du-Rocher, en Pleudihen, X, 243.

Synchronisme des stations humaines du Mont-Dol et du Bois-du-Rocher,
XI, 109.

Note sur deux bracelets en or trouvés à Créhen, XI, 150.

Observations sur une tête de mastodonte, XII, B. 21.

Analyse d'un mémoire sur les découvertes de l'abbé Bourgeois à Thenay, XII, B. 41.

Emploi de l'oxyde de plomb dans les analyses qualitatives au chalumeau, XIII, 63.

Discussion sur divers chronomètres fournis par la géologie pour mesurer l'antiquité de l'homme, XIII, 151.

Des origines de l'homme, XIII, 209.

Découverte d'objets d'or et de bronze au Guern-an-Floc'h, en Maël-Pestivien, XIV, 138.

Métallurgie du fer dans l'antiquité, XIV, 220.

Communication sur une découverte d'objets anciens à Mûr, XV, B. 7.

Compte-rendu d'une trouvaille d'objets en bronze, faite par M. du Chatellier, à Lesconil, en Plobannalec (Finistère), XV, B. 7.

Essais qualificatifs de l'acide tungstique et des divers tungstates naturels, XV, 57.

Examen des peintures trouvées dans les ruines romaines de la Grand'-Ville (Hillion), XV, 150.

Les habitants des cités lacustres de l'âge de la pierre (1ère partie), XVI, 88.
          Id.   (2ème partie), XVII, 1.

Exploration d'un tumulus de l'âge du fer à Plas-Kerwen, en Cavan, XVII, 65.

Note sur des haches en jadéite trouvées dans le tumulus de Loc-Maria, en Plœmeur, XVII, 229.

Mention de quelques découvertes archéologiques en Bretagne, XIX, B. 22.

Note sur le nettoyage des monnaies, XIX, 89.

Essai sur la détermination de l'âge de quelques tumuli de Bretagne, XIX, 121.

Description de sept épées et d'un poignard de bronze trouvés à Saint-Brandan, XX, 55.

Tableaux des épées et poignards de bronze des Côtes-du-Nord, de l'Ille-et-Vilaine et du Finistère, XXI, 71.

MICAULT DE LA VIEUVILLE

Sur l'origine et la formation de la houille, III, B. 104.

Abbé MICHEL

Notes sur un voyage artistique en Italie, XIV, 119.

MILIN

La colombe du barde, poésie (breton et français), IV, annexes, 36.

MINISTÈRE DE L'AGRICULTURE

Circulaire sur le doryphora ou colorado. XIV, B. 49.
Envoi d'un travail de M. Pasteur sur la vaccination charbonneuse,
XIX, B. 16.

MINISTÈRE DE L'INSTRUCTION PUBLIQUE

Programme des séances de la Sorbonne pour 1882, XIX, B. 28.
              Id.   pour 1883. — Convocation à
la 7ème réunion des Sociétés des Beaux-Arts des départements, XXI, 1.
Convocation à la 8ème réunion des Sociétés des Beaux-Arts, XXI, B. 17.
Programme du Congrès de la Sorbonne pour 1884. — Instruction
sommaire rédigée par la section des sciences économiques et sociales
du comité des travaux historiques et scientifiques, XXI, B. 23.
Programme du Concours de la Sorbonne pour 1885, XXII, B. 37.
Sujets d'études recommandés par la section des sciences économiques
et sociales du Comité des travaux historiques, XXIII, B. 14.
Programme du Congrès des Sociétés savantes à la Sorbonne pour
1890, XXVII, B. 60.
Programme du Congrès des Sociétés savantes à la Sorbonne pour
1891. — Convocation à la 15ème séance des Sociétés des Beaux-Arts,
XXVIII, B. 86.
Programme du Congrès des Sociétés savantes à la Sorbonne pour
1892, XXIX, B. 90.
Convocation à la 16ème session des Sociétés des Beaux-Arts, XXIX,
B. 123.
Programme du Congrès des Sociétés savantes à la Sorbonne pour
1893, XXX, B. 40.
Programme du Congrès des Sociétés savantes à la Sorbonne pour
1894, XXXI, B. 36.
Convocation à la 19ème session des Sociétés des Beaux-Arts, XXXII,
B. 99.
Convocation au Congrès des Sociétés savantes à la Sorbonne en 1895,
XXXIII, B. 3.
Convocation au Congrès des Sociétés savantes à la Sorbonne en 1896
et à la 20ème session des Beaux-Arts, XXXIII, B. 79.

MORIN

Date et circonstances de l'établissement de la Monarchie franque dans les Gaules. IX. 163.

DE MORTILLET

L'Acheuléen et le Moustérien à propos du Mont-Dol et du Bois-du-Rocher, XII, B. 12.

MORVAN

Analyse d'un travail relatif au passage de Vénus devant le soleil. XI, B. 92.

Fouilles archéologiques à Saint-Théo, en Plouguenast. XIV. 89.

Commandant MOWAT

Etude de l'inscription itinéraire de Saint-Christophe (Morbihan). X. 373.

MUFFANG

Le Parnasse breton : Charles Le Goffic. A. Le Braz. XXXI. 1.

NIMIER

Note sur une expérience relative à la formation de la queue des comètes. I, 1861, 4ème B. 35.

Note sur le procédé d'analyse chimique par le spectre lumineux. I, 1861, 4ème B. 36.

Note sur un nouvel appareil de sûreté pour les mineurs. I, 1864, B. 12.

De la flamme, VII. B. 8.

OLLIVIER

Note sur une découverte de ruines romaines à Plancoët. XXIII, B. 37

Nos artistes au Salon, XXIII, B. 61, 67.

Notice nécrologique sur M. du Chatellier père. XXIII. B. 60.

Notice nécrologique sur M. Piédevache, XXIII. B. 79.

Peintres et sculpteurs des Côtes-du-Nord : Etude sur le sculpteur Corlay. XXIII. 1.

Id.		Etude sur le peintre Valentin. XXVI. 319.
Id.	id.	Perrin. XXVII. 141.
Id.	id.	Hostein. XXVIII. 1.
Id.	id.	Ronxin. XXVIII, 192.
Id.	id.	Grimaux. XXIX. 129

PASTEUR

La vaccination charbonneuse, XIX, B. 17.

Mme PENQUER

Syndorix, le barde de Penmarc'h (fragments), X, 598.

Commandant PERRIO

Notice militaire sur la zone frontière des Côtes-du-Nord, I, 1863, B. 28.
       Id.   (suite), I, 1864, B. 11.
       Id.   (suite), I, 1864, B. 29.
       Id.   (fin), II, B. 31 et 163.
Le peintre Hamon, étude artistique, VI, B. 52 et 98.

Dr PIÉDEVACHE

Communication sur des objets gallo-romains trouvés en Tréfumel.
   VI, B. 37.
Du mouvement de la population dans l'arrondissement de Dinan.
   VIII, 35.

PINGAUD

Mme de Sévigné en Bretagne, III, 159.

PIRAULT

Une leçon d'En-Haut (poésie), XIII, B. 29.

POCARD-KERVILER

Concordance des monuments celtiques en Bretagne, VII, B. 111.
Note historique et biographique sur le chancelier Séguier, VIII, 64.
Note sur des tranchées présumées antiques près Saint-Brieuc, IX, 93
   et X, 279.
La Bretagne à l'Académie française aux XVIIème et XVIIIème siècles,
   X, 560.
Notice sur le port de Saint-Nazaire, XI, 159.
Communication sur la date de l'époque dite âge du bronze, XIII, B. 50.
Étude biographique sur Baudouin de Maisonblanche, XXIII, 43.

POCQUET

La Chalotais et le Parlement de Bretagne, XXXIII. 19.

Colonel PRÉVOST

Enceintes vitrifiées. — Camp de Péran, X, 281.

Abbé PRIGENT

Exploration du tumulus de Porz-ar-Saoz, en Trémel, XVII, 173.
Exploration du petit tumulus de Kergourognon, en Prat, XIX, 1.
Fouille du grand tumulus de Tosenn-Kergourognon, en Prat, XIX, 15.

Dʳ PRODHOMME

Examen d'un engrais à base phosphorique, II, B. 60.

PROUX

Adieux du conscrit breton, poésie (français et breton), en collaboration avec David, IV, annexes, 64.
Aux bardes de Cambrie, poésie (breton et français), IV, annexes, 98.

QUERNEST

Relation des sièges de Lamballe, XIV, 174.
Notes historiques et archéologiques sur la ville de Lamballe, XXIV, 47.

Dʳ RACINET

Emploi de la chaux dans la montagne, III, 39.
Mémoire résumant ses expériences sur l'engrais Georges Ville, VI, 24.
De l'emploi et des effets des engrais chimiques dans les terres arables
de Bretagne, X, 148.

Hippolyte RAISON DU CLEUSIOU

Conférences tenues pendant la session des Etats, I, 1864, B. 20.
Impressions produites en Bretagne par l'avénement de Louis XVI,
II, B. 58.

Alain RAISON DU CLEUSIOU

Hélène de Beaumanoir, XXX, 95.

Notes sur un procès au XVIIIème siècle au sujet de la chapelle de Saint Jean-de-Kerdanet, XXXI, B. 72.

La très ancienne coutume de Bretagne, XXXI. 164.

Une affaire d'honneur au XVIIème siècle, XXXII, 199.

Archives des châteaux des Côtes-du-Nord. — Bonabry, XXXII, 239.

Inventaire des archives des châteaux bretons. — La famille de la Rouërie (documents), XXXIII. 208.

R. P. REYNIER

La liberté de l'enseignement supérieur et la collation des grades. XII. 14.

Sir John RHYS

Adresse d'un gallois au Congrès celtique, poésie (gallois et français), IV. annexes. 124.

Abbé RIGAULT

Etude sur l'abbé Lacordaire, VI. B. 42.

RIPERT

Maladies contagieuses des animaux, XXXII. B. 62.

Cte RIVAUD DE LA RAFFINIÈRE

Le roi Théodore. II, 67.

Abbé ROBERT

Examen du livre de Jules Léquyer. « Recherches d'une première vérité ». III. B. 65.

Notes sur « l'Etude des principes de la population, d'après Malthus », de M. Marchal. VI. B. 68.

Dr ROCHARD

Discours d'ouverture de la section des sciences médicales au Congrès scientifique de France. IX. 35.

Sigismond ROPARTZ

Le loup qui se fait moine. IV. 108.

Les deux Bretagnes, cantate (traduction en vers français), IV, annexes, 118.

J.-G. ROPARTZ

Etude sur « Trente mélodies de Basse-Bretagne, par Bourgault Ducoudray », XXIV, 263.

V⁰ DU ROSCOAT

Notes sur un voyage en Terre Sainte, XIV, B. 7.

Dʳ ROUXEL

Les découvertes et le rôle pathogénique des principaux microbes de la pathologie humaine, XXX, 191.
Notes sur la Nouvelle-Calédonie, XXXIII, B. 56.

ROUVIN

L'art et l'industrie en Bretagne, V, B. 72.
                Id.   VI, B. 28, 45, 60.
De l'enseignement des arts en France, VII, 3.

SAVIN

Le régime judiciaire et pénitentiaire de l'Egypte, XXXIII, 70.

SÉBERT

Notice sur le téléphone, XV, 1.

SÉBILLOT

Devinettes recueillies dans l'Ille-et-Vilaine et les Côtes-du-Nord, XXIII, 93.
Légendes locales de la Haute-Bretagne, XXIV, 209.

SIRODOT

Fouilles exécutées au Mont-Dol, XI, 39.

SOCIÉTÉ D'ÉMULATION

Historique du projet du congrès agricole de 1865, Programme des questions à traiter, II, B. 15.

Instruction pour la conservation des monuments dans les Côtes-du-Nord, VI, B. 3.

Essai de constitution d'une Commission météorologique, XII, B. 51.

Programme du Concours géologique, agricole et scientifique ouvert pour 1878, XV, B. 52.

DA SYLVA

Un os de la famille des daims, IX, 233.

TANGUY

Etude du cysticerque celluleux du porc et du ver solitaire chez l'homme, IX, 159.

TEMPIER

Lettres des députés des Côtes-du-Nord aux Etats généraux et à l'Assemblée constituante, XXVI, 210.

Correspondance des députés des Côtes-du-Nord à l'Assemblée constituante, XXVII, 21.

Correspondance des députés des Côtes-du-Nord à l'Assemblée législative, XXVIII, 61.

Correspondance des députés des Côtes-du-Nord à la Convention nationale, XXX, 110.

Archives des châteaux des Côtes-du-Nord. — Bonabry, XXXII, 239.

Note sur les monuments mégalithiques, XXXII, 244.

THIÉROT

Compte-rendu des vœux émis par la Commission d'agriculture, V, B. 47.

Rapport sur les vœux de la Commission agricole, VII, B. 65.

THOUVENIN

Note sur la benzine et ses dérivés, I, 1861. 4eme B. 39.

THUBÉ

Note sur la fouille d'un tumulus à la Bosse-de-Pez, en Saint-Nazaire, XV, 21.

Fouilles du tumulus de Castel-Coagno, en Cavan, XVII, 81.

Abbé TISSEUR

Etude sur Brizeux et la Bretagne, III, 106.

Abbé TOSTIVINT

Sikérologie ou fabrication du cidre, X, 165.

TORTELIER

Du mouvement syndical en France et dans les départements de Bretagne, XXXII, B. 74.

Comte DE TOURNEMINE

François de Valois, drame historique en 3 actes (fragments). XXXII, 26.

TRÉVÉDY

Les Sept-Iles et le Calculo, XXIII, 20.
Un sénéchal de Corlay, correspondant de Voltaire, XXV, 1.
Le dernier exploit de la Fontenelle, XXVI, 3.
Les derniers seigneurs du Guémadeuc, XXVI, 165.
Les derniers seigneurs du Guémadeuc (errata), XXVII, B. 13.
Voyages faits en 1775 et 1785 à travers les Côtes-du-Nord par le sieur Martin (analyse), XXVII, B. 74.
Le déluge de Châtelaudren, XXIX, 83.
Julienne Cucquemelle, XXIX, 305.
Note sur une lettre de Henri IV portant érection d'un présidial à Dinan, XXXI, B. 32.
Note sur la pierre sculptée du Rillan (Côtes-du-Nord), XXXI, B. 73.
La tour de Cesson et le fort de Saint-Brieuc, XXXI, 47.
Dinan, ville présidiale, XXXI, 202.
Archives des châteaux des Côtes-du-Nord. — Bonabry, XXXII, 239.

Léon VAÏSSE

Des lois du mécanisme de la parole, X, 247.

VALLET

Champ de démonstration de Robien, XXV, 281.
L'agriculture actuelle des Côtes-du-Nord et les progrès réalisés, XXVI, 23.

VILLIERS DE LISLE ADAM

L'Espérance (poésie), I, 1862, B. 11.

VIVIER

La question des enfants assistés, II, B. 62.
Note sur les défrichements de Saint-Jacut-du-Mené, II, 39.

VIÉNOT

Note sur les différents modes d'éclairage, I, 1864, B. 52.
   Id.   II, B. 39.

IV

ALBUM DES TRÉSORS ARCHÉOLOGIQUES

De l'Armorique Occidentale

La Société d'Émulation a publié sous ce titre, de 1884 a 1888, un grand album in-folio en dix livraisons, renfermant, avec texte explicatif, vingt-neuf planches en couleurs.

Les derniers exemplaires de cet album ont été cédés à M. Caillière, libraire-éditeur à Rennes, chargé de la vente.

Ci-dessous la table de ces livraisons et des planches qu'elles renferment.

1re LIVRAISON

Planches   I   Découverte de Guern-an-Floc'h, disque en or.
   —   II   Haches à douille trouvées à Plouha, Plénée-Jugon, etc.
   —   III   Tumulus de Carnoët, poignard, bracelet, chaine, glaives.

2e LIVRAISON

   —   IV   Deux cuillères et un vase en or trouvés dans le Finistère et les Côtes-du-Nord.
   —   V   Trouvaille de Chatillon-sur-Seiche, haches, taureaux, etc.
   —   VI   Tumuli de Kergourognon, de Porz-ar-Saoz et autres, divers objets en or et bronze.

3ᵉ LIVRAISON

Planches	VII	Bracelets en or trouvés dans l'Ille-et-Vilaine et les Côtes-du-Nord.
—	VIII	Trouvaille de Saint-Grégoire, divers objets en bronze.
—	IX	Vase funéraire de Kergourognon.

4ᵉ LIVRAISON

—	X	Colliers et bracelets en or de Plouhinec en Belz.
	XI	Haches à douille trouvées dans l'Ille-et-Vilaine et les Côtes-du-Nord.
—	XII	Sépulture du Rocher en Plougoumelen, vase en bronze.

5ᵉ LIVRAISON

—	XIII	Trouvaille du Castello, épées en bronze.
—	XIV	Id. Id. épées en bronze.

6ᵉ LIVRAISON

—	XV	Trésor du Hinguet, deux bracelets et un collier en or.
—	XVI	Haches à talon trouvées dans l'Ille-et-Vilaine et les Côtes-du-Nord.
—	XVII	Hache-marteau en bronze trouvée près du Faouët.

7ᵉ LIVRAISON

—	XVIII	Deux colliers en or, un du Hinguet, l'autre de Kerviltré.
—	XIX	Statuettes en bronze trouvées à Corseul.
—	XX	Grand dolium trouvé à Rennes.

8ᵉ LIVRAISON

Trésor du jardin de la Préfecture de Rennes

—	XXI	Cuillères, bagues, bracelets en argent, cuillère et bracelet en bronze.
—	XXII	Un vase en verre et deux vases en poterie.
—	XXIII	Grand vase en poterie.

9e LIVRAISON

Planches XXIV   Bandeau et bracelets en or. Torques de Cesson.
—   XXV   Haches à douille trouvées en Plurien.
—   XXVI   Vases des dolmens de Portblanc.

10e LIVRAISON

—   XXVII   Patère de Rennes, fibule, collier, médailles enchas-
sées.
—   XXVIII   Haches à douille, trouvées en Plurien.
—   XXIX   Vase cinéraire de Kelouer, en Plouhinec.

CATALOGUE DES PUBLICATIONS

déposées à la Bibliothèque

Les publications déposées à la Bibliothèque de la Société d'Émulation, située au deuxième étage de l'Hôtel-de-Ville, sont à la disposition, *sur leur récépissé*, de tous les sociétaires qui en feront la demande, soit en se présentant personnellement à la Bibliothèque de deux à quatre heures de l'après-midi, le jour où une séance publique est annoncée, soit en les indiquant par lettre affranchie à M. le bibliothécaire-archiviste de la Société ; elles ne pourront être conservées plus d'un mois.

PUBLICATIONS OFFICIELLES

MINISTÈRE DE L'AGRICULTURE

Bulletin du Ministère de l'Agriculture. — Collection complète depuis la 1ère année jusqu'à décembre 1895, moins les fascicules, 6, 7 et 8 de 1882 et 1 et 3 de 1893.

Enquête agricole. — (Première série) : Documents généraux, décrets, rapports, T. I, II, III.

Enquêtes départementales. — 3e circonscription : Bretagne (quatrième série) : Documents recueillis à l'étranger, T. III.

Les primes d'honneur décernées dans les concours généraux, T. I et II, 1865.

    Id. . . . . id. . . . . 1870.

Récolte de la France en 1880.

Annales de l'Institut national agronomique. 1ère année, 1876-77, n° 1.

Congrès international des sciences anthropologiques de 1878, à Paris.

TABLES.

MINISTÈRE DE L'INSTRUCTION PUBLIQUE

Documents inédits sur l'histoire de France, T. I, II et III.

Mémoires lus à la Sorbonne. — Archéologie, années 1863, 64, 65 et 67.
    Id . . . .   Histoire, philologie et sciences morales, années 1861, 63, 64, 66, 67 et 68.

Discours prononcés par le Ministre aux Séances générales du Congrès des Sociétés savantes à la Sorbonne de 1882 à 1895 (manquent 1884, 1885 et 1888).

Revue des Sociétés savantes des départements. — 4ème série, T. I à X (complète); 5ème série, T. I à VIII (complète); 6ème série, T. I à VIII (complète) ; 7ème série, T. I à VI.

Revue des Sociétés savantes. — Sciences mathématiques, physiques et naturelles, 3ème série, T. III ; table générale, 1885.

Répertoire des travaux historiques, T. I, II et III (1881, 82, 83, moins le fascicule 2 de 1883).

Exposition universelle de 1889. — Instruction publique (classes 6, 7 et 8).

Revue des travaux scientifiques, T. I (1881) à XV (1895).

Comité des travaux historiques et scientifiques. — Archéologie, 1883 à 1893, 12 vol.

Comité des travaux historiques et scientifiques. — Histoire et philologie, 1882 à 1894, 13 vol.

Comité des travaux historiques et scientifiques. — Sciences économiques et sociales, 1883 à 1895, 13 vol.

Liste des membres du Comité des travaux historiques et scientifiques: Littérature latine et histoire du moyen-âge.

Instructions adressées par le Comité des travaux historiques et scientifiques. — L'épigraphie chrétienne en Gaule et dans l'Afrique romaine.

Instructions adressées par le Comité des travaux historiques et scientifiques. — Numismatique de France; époques gauloise, gallo-romaine et mérovingienne.

Comité des travaux historiques et scientifiques. — Rapport au Ministre et arrêtés (1893 .

Rapport sur la collection des documents inédits de l'histoire de France et sur les actes du Comité des travaux historiques.

Enquête sur les conditions de l'habitation en France.

Extraits des procès-verbaux des séances du Comité historique des monuments écrits (1850).

Bibliographie des travaux historiques et archéologiques des Sociétés des départements, 2 vol.

Bibliographie des Sociétés savantes de la France, par Eug. Lefèvre-Pontalis, 1 vol.

Bibliographie des travaux scientifiques (sciences mathématiques, etc.) T. I, n° 1.

Catalogue général des Bibliothèques françaises, T. IV et X.

Archives de la Commission scientifique du Mexique (1867), 3 vol.

Journal des Savants, 1878 à 1895 (1878, 79 et 80 incomplets).

Société des Études Historiques. — Investigateurs, T. LIII. (1892).
Revue : 4ème série, T. I à XII.

MUSÉE GUIMET

Annales, in-4°, T. I à XXV (manque XXIII).
Annales, gr. in-8°, T. I à V (manque III).

BIBLIOTHÈQUE DE VULGARISATION

T. I. Les moines égyptiens.
T. II. Histoire des religions de l'Inde.
T. III. Les Hétéens.
T. IV. Les symboles, les emblèmes et les accessoires du culte chez les Annamites.
T. VI. Le culte des morts dans l'Annam.
T. VII. Résumé de l'histoire d'Egypte.
T. VIII. Le bois sec refleuri, roman Coréen.

Catalogue des objets exposés, petit in-8°.

Introduction au catalogue du Musée Guimet, in-18°.

Catalogue du Musée Guimet, 1ère partie : Inde, Chine et Japon, in-18°.

Histoire des religions, T. IV à XXXI (manque XXIII).

MINISTÈRE DE LA MARINE ET DES COLONIES

Notice sur la déportation à la Nouvelle-Calédonie.

MINISTÈRE DU COMMERCE

Rapport de la Commission impériale sur la section française de l'Exposition universelle de 1862.

MINISTÈRE DES TRAVAUX PUBLICS

Albums de statistique pour 1888 et 1889.

Notice sur les ports des baies de Saint-Brieuc et du Guildo, par M. Pelaud, Ingénieur en chef des Ponts et Chaussées.

INVENTAIRE DES ARCHIVES DÉPARTEMENTALES :

Des Côtes-du-Nord : Séries A. et B.   1 vol.
Du Finistère : Séries A. et B.   1 vol.
D'Ille-et-Vilaine : Série C.   2 vol.
De la Loire-Inférieure : Séries A. B. C. D. E. E suppl. G. H. 5 vol.
Du Morbihan : Séries B. et E. suppl.   3 vol.

PUBLICATION DES SOCIÉTÉS CORRESPONDANTES

Nous serions très reconnaissants aux Sociétés avec lesquelles nous correspondons de vouloir bien, après avoir pris connaissance de ce Catalogue, nous adresser, soit à titre gracieux, soit à titre d'échange, celles de leurs Publications que nous ne possédons pas.

Académie des Sciences, Belles-Lettres et Arts de Besançon. — Procès-verbaux et Mémoires de 1887 à 1894 (manque 1890).

Annales de Bretagne. T. II à X.

Association Bretonne. — Archéologie et Agriculture, de 1873 à 1895 (manquent 1882, 1883 et 1889).

Association Bretonne. — Archéologie seule, 1849. 1ère livraison.
                    — Agriculture seule, 1853, 1857, 1882, 1883.

Revue Historique et Archéologique du Maine. T. I à X. XI à XXXVIII.

Revue des Sciences naturelles de l'Ouest T. I à IV. Inventaire avec cartes des monuments mégalithiques du Morbihan par M. Gaillard (1892).

Société académique de Brest. — Bulletin 1ère série. T. I (incomplet) II à VI. VII (incomplet) ; 2eme série. T. I à XX.

Société académique de Nantes. — Annales 1864 (T. XXXV) à 1873 ;
1874 (incomplet) ; 6ème série, T. I (1880) à X (1889) ; 7ème série, T. I
(1890) à V (1894). Table alphabétique depuis la fondation de la
Société académique en 1798 jusqu'en 1878 inclusivement.

Société académique du Var. — Bulletins, nouvelle série, T. VII à IX,
XI à XVII.

Société des antiquaires de la Morinie. — Bulletins 81 à 100, 161 à 175.

Mémoires T. I, IV, V, VII, IX, XI, XIII, XXII.

Les Chartes de St-Bertin, T. III. 2ème et 3ème fasc.

Le Cartulaire de St-Barthélemy, de Béthune. 1 vol.

Usaiges et anciennes coustumes de la conté de Guysnes. 1 vol.

Société des antiquaires de l'Ouest. — Bulletins 1ère série, 1834 à 1837,
1876 ; 2ème série, T. I à VI, 1877 à 1893.

Mémoires : 1ère série, T. XXXV à XXXVIII, XL ; 2ème série, T. I à
XVII, manque T. X.

Société des antiquaires de Picardie. — Bulletins : T. X, XI et XIII.
1868 à 1876 ; incomplets : XIII à XVIII.

Mémoires : T. XIX à XXXII.

Documents inédits in-4° : T. VII à XIII.

Albums. — Album archéologique, fasc. 1 à 10.

    Id.   — La Picardie historique : Amiens, fasc. 1 et 2.

Société archéologique de Bordeaux. — Mémoires : T. I, II et III (in-,
complets) : T. IV à XVIII (1873).

Société archéologique des Côtes-du-Nord. — 2ème série, T. I à IV.

Société archéologique de Constantine. — T. XVIII à XXIX (1876 à 1894).

Société archéologique du Finistère. — T. I à XXII.

Société archéologique d'Ille-et-Vilaine. — Extraits des procès-verbaux (1844 à 1858).

Mémoires : T. I à XXIV.

Catalogue raisonné du Musée archéologique de la ville de Rennes, par
M. André.

Inventaire des monuments mégalithiques d'Ille-et-Vilaine et supplément, par M. Bézier.

Société archéologique du midi de la France. — Mémoires : T. XI
et XII (incomplets), XIII et XIV.

Bulletins in-4° : 24 novembre 1879 au 21 juillet 1885 ; nouvelle
série, 24 novembre 1885 au 26 juillet 1887 ; série in-8°, 8 novembre 1887 au 16 juillet 1895.

Société archéologique de Nantes. — Bulletins T. IX à XX, XXII à XXXIII.
Catalogue des Bulletins, nº 8 (1859 à 1886).

Société des Archives historiques de la Saintonge et de l'Aunis. —
T. IV (incomplet), T. V et VI, T. VII (incomplet), T. VIII, X à
XIII, T. XIV et XV (incomplets).

Société Éduenne. — Mémoires : Nouvelle série, T. II à XXII (manquent IV, V et VII).

Société d'Émulation de Roubaix. — Mémoires : 1ère série, T. I à VII ;
2ème série, T. I à VII ; 3ème série, T. I.
Sources de l'histoire de Roubaix, par Th. Leuridan, archiviste.

Société des Amis des Arts et des Sciences de Rochechouart. — Bulletins : T. II et III (incomplets) T. IV.

Société d'Études des Sciences naturelles de Nîmes. — Années 1889
à 1893.

Société Française d'Archéologie.

Société d'Histoire naturelle de Toulouse. — Années 1867 à 1870 ;
1873 et 1874 (incomplets). 1885 à 1893.

Société nationale des Antiquaires de France. — Mémoires : T. XVI
à LIII. — Bulletins 1893.
Table alphabétique des publications de l'Académie celtique et de la
Société des Antiquaires de France.

Société polymathique du Morbihan. — Comptes-rendus nᵒˢ 2 à 7 ;
Bulletins, années 1861 à 1892 (1863 et 1867 incomplets).
Catalogue raisonné des productions des trois règnes de la nature,
recueillies dans le département.
Choix d'ornements et instruments celtiques et gaulois (planches).

Société des Sciences, Lettres et Arts de l'Aveyron. — Procès-verbaux. T. I à XVI (manque II).
Mémoires : T. IX à XIV.
Table des matières contenues dans les publications de la Société
des Sciences, Lettres et Arts de l'Aveyron (1838-1876).
Concours de 1867. — Distribution des récompenses.
Guide au Musée de la Société des Sciences, Lettres et Arts de l'Aveyron : 2ème partie, Antiquités.
Essai de la flore du Sud-Ouest de la France, par l'abbé Joseph Revel.

Société des Sciences, Lettres et Arts de Pau. — Bulletins : 2ème série,
T. I à XXIII (I incomplet. VII manque).

Société des Sciences naturelles de l'Ouest de la France. — T. I à IV.

Société des Sciences naturelles de Saône-et-Loire. — 21ème année (1895).

Société des Agriculteurs de France. — Comptes-rendus des travaux. Annuaire, T. III à XIII. Sessions de 1872 à 1883 et 1886 à 1895.

Bulletins 1872 à 1874 (incomplets) ; 1875 à 1877 : 1878 et 1879 (incomplets) ; 1880 et 1881 : 1882 (incomplet) ; 1885 et 1886 ; 1887 (incomplet) 1888 à 1895.

Listes des membres de la Société : Années 1872, 1873, 1875, 1877, 1879, 1881, 1885, 1887, 1889, 1891, 1894.

Comité international de 1878. — L'agriculture en Angleterre, en Écosse, Irlande, Inde méridionale et Australie, en Italie, en Danemark, en Belgique, à la Guadeloupe, au Pérou.

Enquête sur les stations agronomiques (1878).

Expériences de moissoneuses faites à la colonie de Mettray (1876).

Régime douanier des vins, des matières premières, applicable au bétail (1890).

Projet de tarif général des douanes (1890).

Enquête sur les cépages américains faite en 1890.

De l'indemnité réclamée au nom des fermiers sortants pour les plus-values qu'ils auraient procurées au domaine affermé, 1890.

Vœux de l'Assemblée générale (1868-1893).

Société départementale d'Agriculture et d'Industrie d'Ille-et-Vilaine. — (Journal de la), années 1894 et 1895.

Syndicat central des Agriculteurs des Côtes-du-Nord. — Bulletins : Années 1890 à 1895.

Syndicat pomologique de France. — T. I à III.

SOCIÉTÉS ÉTRANGÈRES

Académie royale des Lettres, histoire et antiquités de Stockholm. — Minnespenningar öfver enskilda svenska män och gvinnor (souvenirs sur les hommes et femmes suédois remarquables), 1 vol.

Sveriges och svenska konungahusets minnespenningar praktmynt och belönningsmedaljer (souvenirs des monnaies précieuses de la Suède et des médailles d'honneur des familles royales Suédoises), 2 vol.

Kongl, vilterehets historie och antiqvitets akadémiens manadsblad. (publication mensuelle des Académies royales des belles-lettres. d'histoire et d'antiquités). années 1872 à 1891.

Antiqvareisk tidskrift för sverige (temps anciens de la Suède). T. I à
XVI (IX, XIII, XIV et XV, incomplets).
Statens historiska muséum.

Academy of science of St Louis. — (Académie des sciences de
St Louis). T. VI.

The Numismatic and Antiquarian Society of Philadelphia. —
(Société Archéologique et Numismatique de Philadelphie). — Pro-
ceedings : années 1867 ; 1879 à 1885 ; 1889 et 1891. — Divers.

Société Neufchâteloise de Géographie. — T. I à VII (manquent IV et VI.

Académie royale Malacologique de Belgique. — Annales. T. IX
et XVIII à XXII.
Procès verbaux. T. V (incomplet); VI à XVII ; XVIII (incomplet); XIX
et XX ; XXI (incomplet); XXII, XXIII.

Vereins für Thüringische Geschichte und altertumskunde. — (Société
d'Histoire et d'Archéologie de la Thuringe).
Zeitschrift des Vereins, années 1884 à 1894.
Thüringische geschichts quellen, années 1888, 1889 et 1892.

PUBLICATIONS

offertes à la Société d'Emulation
ou acquises par elle

ABEILLE (Dr). — Fibrômes interstitiels de l'utérus, 66 pages.

ACADEMIA NACIONAL DE CIENCIAS EN CORDOBA. — (Republica
argentina) (Bulletins de la T. VI, 2 vol.

ACADEMIE DU GARD. — Années 1869. 70. 72. 74. 76. 77...

    Id   DE NIMES. — Années 1878. 79.

Almanach de la démocratie rurale, in-32. 26 p.

ANNE-DUPORTAL. — Terres et maisons nobles en la paroisse de
St-Gondron (Ille-et-Vilaine). 50 p.

ARCHIVES DE LA COMMISSION SCIENTIFIQUE DU MEXIQUE. —
(Ministère de l'Instruction publique), 3 vol.

ARCHIVES DÉPARTEMENTALES des Côtes-du-Nord (Catalogue des)
par M. Lamare, archiviste, 40 p.

ARCHIVES NATIONALES, pour les années 1876 et 1877 (Rapport sur les) par Alfred Maury, 1 vol.

ASSOCIATION FRANÇAISE POUR L'AVANCEMENT DES SCIENCES. — 1872 à 1882, 11 vol.

ASSOCIATION FRANÇAISE POUR L'AVANCEMENT DES SCIENCES. — Informations et documents divers, nᵒˢ 1, 6, 20 et 38 à 43.

AUBRY (Dʳ Paul). — Documents de criminologie rétrospective, 1 vol.
La contagion du meurtre (1888), 1 vol.
La contagion du meurtre (1894), 1 vol.
De l'influence contagieuse de la publicité des faits criminels, 15 p.
Une famille de criminels, 15 p.
La mortinatalité dans le département des Côtes-du-Nord, 23 p.
L'homicide commis par la femme, 38 p.
Observation d'uxoricide et de libéricide, 29 p.
Autour de l'Europe, 44 p.
Les hôpitaux en Orient (Conférence), 10 p.
La mortalité dans les Côtes-du-Nord, 28 p.
La médecine superstitieuse dans les Côtes-du-Nord (Revue des traditions populaires), 4 p.
Projet de généralisation du service d'identification par l'anthropométrie, 8 p.
Les bains de boue d'Astrakan (Annales de la Société d'Hydrologie médicale), 15 p.

BAHIER (J.-L.). — Manuel de comptabilité agricole (1850), 1 vol.
Nouveaux conseils moraux et agricoles aux cultivateurs bretons (1860), 1 vol.
Eléments d'économie et d'administration rurales (1864), 1 vol.
Etude sur le concours régional de St-Brieuc en 1865, 84 p.
Etude historique, statistique et agricole sur le concours régional de l'Ouest à St Brieuc en 1873, 30 p.

BANQUE DE FRANCE. — Comptes-rendus des assemblées des actionnaires, années 1890, 91, 92, 93, 94.

BARBIER DE MONTAULT (Mᵍʳ) (Préfet de la Maison de sa Sainteté). — Le Martyrium de Poitiers, 76 p.

BARR-FERREE. — The Chronology of the Cathedral churches of France, 36 p.

BASCHET (Armand). — Dépêches des Ambassadeurs vénitiens, 32 p.

BAUDOUIN (Alphonse). — Revers de Médailles (poésies), 1 vol.

BAUDRILLART (Membre de l'Institut). — Rapport sur les pertes éprouvées par les bibliothèques publiques de Paris en 1870-71, 27 p.

BELLANGER (CHARLES). — Petit catéchisme de machines à vapeur (planches).

BÉRINGER (EMILE). — Recherches sur le climat et la mortalité de la ville du Récife ou Pernambuco (Brésil), 1 vol.

BERNARD (CHARLES). — Chansons jeunes, 1 vol.

      Id   Pour la Bretagne (poésie), 14 p.

BERTRAND (ALEXANDRE) (Membre de l'Institut). — De la valeur des expressions Κελτοι et Γαλαται, Κελτικη et Γαλατια dans Polybe, 34. p.

BIBLIOGRAPHIE générale des Gaules par Emile Ruelle, 1886, 1 vol.

      Id   de l'archéologie préhistorique de la Suède, pendant le XIXeme siècle, 106 p.

      Id   de la Belgique (Introduction à la), 1 vol.

      Id   des Sociétés savantes de la France, par Lefèvre-Pontalis, 1 vol.

      Id   des Sociétés savantes de la France, 1ère partie, départements, 1878, 83 p.

      Id   des traditions et de la littérature populaire de la Bretagne, par H. Goudoz et P. Sébillot, 62 p.

      Id   Saint-Nazairienne   —   in-16, 1 vol.

      Id   des travaux historiques et archéologiques des Sociétés savantes de France, par R. de Lasteyrie et Eugène Lefèvre (Ministère de l'Instruction publique), T. I et II, 6 vol.

      Id   des travaux scientifiques publiés par les Sociétés savantes de France, par Deniker (Ministère de l'Instruction publique).

BIBLIOPHILE (le) du bas Languedoc, in-12, 32 p.

BLANDIN (Dr J.). — Catalogue des oiseaux observés dans le département de la Loire-Inférieure, 86 p.

BOBIÈRE (ADOLPHE) (professeur de chimie à Nantes). — L'atmosphère, le sol, les engrais, 1 vol.

BOIS DE LA VILLERABEL (Vte A. DE). — La légende merveilleuse de Monseigneur Sainct-Yves, 1 vol.

BOITEAU (PAUL). — Le régime des chemins de fer français (1875), 40 p.

BONNEMÈRE (LIONEL). — Les jeux publics et le théâtre chez les Gaulois. 76 p.

BOUGLÉ (Jean-Breton) (Professeur au Lycée de Saint-Brieuc). — Notes d'un étudiant français en Allemagne, 1 vol.

Les sciences sociales en Allemagne, 1 vol.

BOUGLON (Baron R. de). — Les reclus de Toulouse sous la Terreur, 2 vol.

BOUISSET (l'abbé). — Mémoire sur les trois Collèges druidiques de Lacaune (Tarn), 70 p.

BOUREL-RONCIÈRE (Membre du Comité linier). — Rapport sur un voyage d'études dans le département du Nord, en Belgique et en Hollande, 35 p.

Notes sur le rouissage du lin, 7 p.

BOUVIER. — Les mammifères de la France, 1 vol.

— Des animaux de la France (Vertébrés), 1 vol.

BRÉARD (Charles). — Un corsaire normand, mémoires de Jean Doublet, 1 vol.

CAFFARENA (Louis) (Avocat à Toulon). — Étude critique sur les abordages en mer, 1 vol.

CAIX DE SAINT-AYMOUR (Amédée de). — Notes sur un temple romain découvert dans la forêt d'Halatte (Oise), 35 p.

CANTONI (Gaétan). — La question des tabacs en Italie, 13 p.

CARRÉ (Henri) (Professeur à la Faculté des Lettres de Poitiers). — La Chalotais et le duc d'Aiguillon, 1 vol.

CARRIÈRE (Gabriel). — Matériaux pour servir à la paléoéthnologie des Cévennes. Supplément au bulletin de la Société des sciences naturelles de Nîmes, avec planches, 38 p.

CARTAILHAC. — La France préhistorique, 1 vol.

Id   Cours libre d'Anthropologie, leçon d'ouverture, 21 p.

CARTAILHAC et CHANTRE. — Matériaux pour servir à l'histoire de l'homme, 2ème série (1870-1883), T. I à XIII ; (manque I, II et III incomplets); 3ème série (1884 à 1888), T. I à IV.

CASTAGNÉ (E). (Agent voyer, correspondant de la Commission de topographie des Gaules). — Mémoire sur les ouvrages de fortification des Oppidum gaulois, 1 vol.

CASTEL (Dr). — Observations météorologiques sur Gorée (Sénégal) et sur le Comptoir d'Assinie (Côte de l'or), 1841 à 1846, manuscrit, 8 p.

CAUMONT (de). — Cours d'antiquités monumentales : Ère celtique et architecture du moyen-âge ; atlas, 2 vol.

Bulletin monumental (Les 6 premières livraisons du 38ème vol.).

CHALUS (Vte DE). — L'armée et l'argent. 1 vol.

Owen, pensées choisies, 1 vol.

CHANTRE (ERNEST). — Les faunes mammalogiques, tertiaire et quaternaire), du bassin du Rhône, 7 p.

Projet d'une légende internationale pour les cartes archéologiques préhistoriques, 35 p.

CHARDIN (PAUL). — Recueil de peintures et sculptures héraldiques. 1 vol.

CHARRAUX (AUGUSTE) (Professeur à l'Université catholique de Lille . — Eugénie et Maurice de Guérin, 24 p.

Simple exposé des principes de la Philosophie morale (2ème partie . 36 p.

France et Lorraine (poésies , 1 vol.

CHATELLIER (ARMAND DU). — Les Laënnec sous l'ancien et le nouveau régime (1763-1836), 1 vol.

Un essai de socialisme. 88 p.

CHATELLIER (PAUL DU). — Les époques préhistoriques et gauloises dans le Finistère, inventaire. 1 vol.

Oppidum de Tronoën, en St-Jean-Trolimon (1877), 15 p.

Cimetière gaulois du Montblanc, à Etrechy (Marne . 8 p.

Les deux tumulus de Rosmeur, pointe de Penmarc'h (1879). 14 p.

Exploration du tumulus de Kerheuret en Pluguffan (1879), 6 p.

Grottes sépulcrales artificielles dans le Finistère (1884 . 5 pages.

Pierre sculptée recouvrant une sépulture sous tumulus à Tréogat (1886). 5 p.

Le trésor de St-Pabu (1889), 7 p.

Oppidum de Castel-Meur (1890), 12 p.

De quelques cachettes découvertes dans le Finistère (1891). 7 p.

Vase trouvé dans un tumulus à St-Pol-de-Léon (1891), 8 p.

L'époque néolithique dans la commune de Plogoff (1891), 7 p.

Ornement de tête en or (diadème . découvert à St-Potan, Côtes-du-Nord (1892), 8 p.

Notes sur quelques découvertes faites à Carhaix (1895). 4 p.

Allée mégalithique en pierres arc-boutées de Lesconil, en Poullan (1895). 3 p.

CHEVREUL (Membre de l'Institut).— Communication sur le guano du Pérou. 39 p.

CINQ chapitres d'une philosophie pour tous. in-32. 1 vol.

CLARINVAL (COLONEL). — Des prairies et des foins. 43 p.

CLOSMADEUC (D' G. DE). — Étude sur M. Armand du Chatellier, 29 p.

Étude sur le président de Robien, 36 p.

La question des dolmens et des coffres de pierre, 43 p.

COLLIGNON (D' R.) (Médecin-major à l'École de guerre). — Projet d'entente internationale pour arrêter un programme commun de recherches à faire aux conseils de révision. 11 p.

L'Anthropologie au conseil de révision, méthode à suivre, 63 p.

Anthropologie de la France : Dordogne, Charente, Corrèze, Creuse, Haute-Vienne, 79 p.

COLLIN (Sullian), avocat. — Le droit d'auteur et des artistes en droit romain et en droit international (thèse), 1 vol.

COMITÉ historique des monuments écrits en 1850. — (Extraits des procès-verbaux des séances), 1 vol.

COMITÉ médical des Bouches-du-Rhône. — Recueil des actes. T. XVII T. XIX et XX incomplets), 1 vol.

CONGRÈS des Arts décoratifs à Paris en 1894. — Programme, 64 p.

    Id   International d'anthropologie et d'archéologie préhistorique : Paris, 1872; Stockholm, 1874; Buda-Pesth, 1876; Lisbonne, 1880, 5 vol.

    Id   International de la Société de Géographie à Paris en 1875. 1 vol.

    Id   International des Orientalistes à Paris en 1873. 2 vol.

    Id   Provincial des Orientalistes à St-Étienne en 1875, règlement. 24 p.

    Id   Scientifique de France : Rennes, 1849; Chambéry, 1863; Aix, 1866; Amiens, 1867; Chartres, 1869; Moulins, 1870; St-Brieuc, 1872; Autun, 1876, 12 vol.

CONSEIL GÉNÉRAL DE L'AISNE. — Situation de l'agriculture dans le département en 1885, 1 vol.

COURCY (Alfred de). — De l'assurance par l'État, 1 vol.

Le domaine patrimonial et les assurances sur la vie. 45 p.

CROIZIER (M' de). — La Perse et les Persans, 64 p.

CRUSSARD (J.-C.). — Principes d'agriculture pratique, 1 vol.

CRYPTE (la) de la Cathédrale de Nantes, 5 p.

DELAGE (Médéric). — Stratigraphie des terrains primaires dans le Nord du département d'Ille-et-Vilaine, 1 vol.

DEMOOR (secrétaire du Comice agricole de la Flandre orientale). — De la culture du lin et des différents modes de rouissage, 1 vol.

DESCHARTES (Urbain). — Les travaux historiques de la ville de Paris.
Étude critique, 31 p.

DESFORGES. — Le Livre foncier. Mobilisation du sol, 16 p.

DOCUMENTS inédits sur l'histoire de France, T. I, II, III, 3 vol.

DRUILHET-LAFARGUE. — Quelle sera la direction de la France ? 15 p.
Les miracles et les lois naturelles, 16 p.
Discours prononcé à l'Institut catholique d'Aquitaine, 14 p.
Mélanges, 16 p.

DUFOUR (Edouard) (Directeur du Muséum d'histoire naturelle de
Nantes). — Premiers indices d'une flore fossile dans le calcaire gros-
sier d'Arthon. Découverte de la dolomie cristallisée dans la Loire-
Inférieure. 12 p.
Description sommaire des terrains tertiaires, fluvio-lacustres et
marins de Campbon, à St-Gilles-des-Bois (Loire-Inférieure), 22 p.
Examen des dépôts éocènes d'Arthon-Chemeré.   Id.   20 p.
Les perspectives de la science, 1867, 31 p.
Nouveau baromètre à air, 8 p.
Observation à Nantes d'un arc-en-ciel lunaire en 1878, etc., 10 p.
Esquisse d'une théorie dynamique de la chaleur, 39 p.

DUGAS (Louis). — A. Vinet et E. Souvestre, 46 p.

DUTERTRE (E.). — Lettre sur les inondations de la Rance et les moyens
de les atténuer, 11 p.

ERNAULT (Emile) (Professeur à Saint-Charles). — De la méthode à
suivre dans l'étude philologique du breton, 15 p.

ERREURS (les) de M. Lockroy, 1891, in-12, 8 p.

EUZENOT (l'abbé). — Notes archéologiques sur Guidel, 1875, in-32, 40 p.
Guidel. — Notes archéologiques, in-18, 60 p.
Notes sur des cercueils de pierres, 1876, 16 p.

EVEN (Charles) (ancien professeur au lycée). — Le jetonophile. 1 vol.
Abécédaire de numismatique romaine, 1 vol.

EXPOSITION anglaise à Paris en 1878. — Catalogue, 6 vol.

FALLUE (Léon). — De l'art récemment qualifié antédiluvien. Examen
critique, 8 p.

FAYN (Ingénieur civil). — Mémoire sur la mine de plomb et de zinc
argentifères de Pont-Péan (Ille-et-Vilaine), 70 p.

FILON (Fr.). — Projet de construction d'une sphère terrestre monumen-
tale, 10 p.

FLÉCHET.— Essai sur l'agronomie du pays de Hervé-Aubel (Belgique),
67 p.

FLEURIOT (Mlle Zénaïde). — Marquise et pêcheur, 1 vol.

FLOUD (Henri). — Lettre sur le régime économique, 1870, 8 p.

FOURMOND (de). — Histoire de la Chambre des comptes de Bretagne,
1 vol.

FRANÇAIS DE L'OUEST (le), Journal politique hebdomadaire, 1840 à
1844 et 1847, in f°, 5 vol.

GAILLARD.— Le dolmen à double étage de Kervillor, à la Trinité-sur-
Mer, 5 p.

GAULTIER de KERMOAL (Claude).— Les États de Bretagne et l'industrie
des toiles, 1866.
  Le rouissage du lin et le décret du 25 janvier 1868 (1868), 27 p.
  L'industrie linière et la revision du tarif des douanes, 1869, 34 p.

GESLIN DE BOURGOGNE. — Les anciens évêchés de Bretagne, 6 vol.

GEFFROY. — Notice biographique sur M. Armand-René du Chatellier,
14 p.

GODARD (Dr Jules). — Du bégaiement et de son traitement physiolo-
gique, 64 p.

GOUÉZEL (Conducteur des ponts et chaussées). — Les oiseaux de
mer et leur utilité au point de vue de la navigation et de la
pêche, 24 p.

GRENOT (Membre correspondant de la Société académique de Brest).
  —   Fouilles pratiquées au Souc'h (Finistère), 25 p.

GRIFFITH (Conservateur du Musée d'histoire naturelle de Vannes).
  Catalogue raisonné des lépidoptères observés dans le Morbihan,
54 p.
  Guano du Pérou (Notice sur le), in-18, 48 p.

GUIBERT (Dr J.-L.). — Thèse pour le doctorat.
  De l'évolution de l'entendement, 14 p.
  Lecture sur l'anthropologie dans le dépar^t des Côtes-du-Nord, 19 p.
  De la ligature et la compression des artères carotides, 16 p.
  De l'analgésie obtenue par l'action combinée de la morphine et du
  chloroforme, 3 p.

HABASQUE (Francisque) (Conseiller à la Cour d'appel de Bordeaux).
  Une visite épiscopale à Saint-Jean-de-Luz sous Louis XIV, 14 p.
  Le théâtre en Agénais au XVIIIème siècle, 23 p.

HALLÉGUEN (D' E.). — L'Armorique Bretonne ou les origines Armorico-Bretonnes, 1 vol.

Armorique et Bretagne, 1 vol.

HALNA DU FRETAY (Baron). — Incinérations et inhumations, 56 p.

Etude sur les ouvrages des écrivains qui m'ont précédé, 62 p.

La Bretagne aux temps néolithiques, 70 p.

Bronze et silex réunis dans les deux tumulus accolés de Kervini, en Poullan, 7 p.

Silex quaternaires en Guengat (Finistère), 12 p.

HARDOUIN (Henri) (Conseiller honoraire à la Cour de Douai). — Essai sur la réformation des coutumes de Bretagne, 60 p.

HENNEBERT (Colonel). — L'écurie horizontale, 48 p.

HERMINE (L'). — Poésies, 1 vol.

HUBERT-VALLEROUX. — Etude sur la situation légale des ouvriers en Angleterre, 19 p.

HUGUET (Prosper). — Souvenir du Congrès de St-Brieuc en 1872, 24 p.

INDICATEUR DE L'ARCHÉOLOGIE, années 1872 et 1873 (incomplètes) 1874.

INSECTOLOGIE AGRICOLE (Bulletins d'), années 1875, 1876 à 1881 incomplètes.

INSTITUT DES PROVINCES DE FRANCE. — Documents et informations diverses, 1876, 48 p.

JOUBERT (Arthur) (Avoué honoraire). — Les brins de paille (poésies) 1 vol.

Vivre chacun chez soi. Proverbe en un acte, en vers, 32 p.

Une chasse au papillon. Comédie en un acte, en vers, 34 p.

Le perroquet de ma tante.   id.   23 p.

L'écran.   id.   26 p.

Les feux du couchant.   id.   20 p.

Le gobelet d'étain. Comédie en un acte, en prose, 26 p.

Le médaillon,   id.   21 p.

L'ile Tristan,   saynète, 16 p.

Sous un parapluie.   id.   20 p.

Une consultation,   id.   22 p.

JOURNAL D'AGRICULTURE PROGRESSIVE. 1864-65-66 (incomplets), 2 vol.

JUBAULT (Albert). — Etude sur le rétablissement des droits de péage sur la navigation intérieure, 28 p.

KERSANTÉ (Président du Comice de Ploubalay). — De la nécessité d'un Code rural en France, 1 vol.

De la liberté commerciale au point de vue agricole, 1880, 54 p.

L'Algérie, 1881, 57 p.

Vices rédhibitoires du bétail, 22 p.

Conférence sur l'impôt et le tabac, 61 p.

LA BORDERIE (Arthur de) (Membre de l'Institut). — Les Bretons insulaires et les Anglo-Saxons du Vᵉᵐᵉ au VIIᵉᵐᵉ siècle, 1 vol.

Les Monuments originaux de l'histoire de saint Yves, 39 p.

Saint-Gohard et la crypte de la cathédrale de Nantes, 15 p.

LABOUREUR BRETON (Le). — Journal des Comice et Syndicat de Loudéac, 1889-90.

LACAILLE (Hippolyte). — Culture du pommier, 1 vol.

LALLEMAND (Léon). — Histoire des enfants abandonnés et délaissés. 1 vol.

LAMBERT (Eugène) (Président honoraire à la Cour d'appel de Rennes .

Les fleurs du bien (poésie), 1 vol.

Les mobiles bretons à Rennes (poésie), 7 p.

Les libre-penseurs de l'école matérialiste (poésie). 8 p.

Sillette, conte breton (poésie), 16 p.

Etude sur les poésies philosophiques de Mᵐᵉ Ackermann, 11 p.

Discours prononcé le 21 novembre 1875 à la Société académique de Nantes, 20 p.

Allocution à la Société académique de Nantes, 7 p.

LAMBERT (Gustave). — L'expédition au Pôle nord, 1 vol.

LA MOTTE-ROUGE (Cᵗᵉˢˢᵉ de). — Les Dinan et leurs juveigneurs, 1 v.

LA MOTTE-ROUGE (Général Cᵗᵉ de). — Un mois de commandement au 15ᵉᵐᵉ corps de l'armée de la Loire, 1 vol.

LA NOÜE (Adolphe de). — Hommage à la mémoire de Bizeul (poésie), 6 p.

Notice biographique sur M. Saullay de Laistre. 19 p.

LAVOLLÉE (C.).— Les chemins de fer et l'enquête parlementaire, 39 p.

LE BOS (Eugène). — Causeries bretonnes ou remarques sur la formation de la langue celto-bretonne, 40 p.

LE BOURHIS (Ingénieur). — Principes sommaires d'irrigation pratique, 43 p.

LE BRETON (Charles) (Proviseur au Lycée, membre des antiquaires de Normandie). — La pénitence d'Henri II, roi d'Angleterre et le concile d'Avranches en 1172, 39 p.

Etude sur la vie et les écrits de Robert de Tombelaine, 56 p.

Carolles, promenades et pêches du littoral, 43 p.

LE BRIGAND. — Monument circulaire de Nizillien, en Silfiac, 12 p.

LE CARGUET et TOPINARD. — La population de l'ancien Pagus de Cap-Sizun, 10 p.

LE GAL LA SALLE. — L'héritage de Jacques Faruel, 1 vol.

LE GOUX (Jules). — Histoire de la commune des Chapelles-Bourbon, 1 vol.

LE MAOUT (Charles). — Exposé de la doctrine des condensations, 1856, 17 p.

Effets du canon et du son des cloches sur l'atmosphère, 1861, 15 p.

Le canon et la pluie, 9 p.

Encore le canon et la pluie, 13 p.

Moyens proposés pour faire cesser la sécheresse des six premiers mois de l'année 1870, 16 p.

Lettre au *Petit Journal* le 23 février 1887, 6 p.

Cuirassés, torpilles et tempêtes, 6 p.

LE MARIÉ (Eugène). — Fariboles saintong'heaises, N°s 5 à 30.

LE MESLE DU PORZOU (Directeur des contributions indirectes). — Etudes philologiques et économiques, 1864, 1 vol.

Considérations sur l'histoire des classes agricoles en Bretagne, 39 p.

Souvenirs de Bretagne, 14 p.

Excursion dans le Finistère, 20 p.

LEMOINE (Jules). — Derniers temps de l'âge du bronze. Trouvaille de Hénon, 6 p.

Une sépulture de l'âge néolithique à la Ville-Drun, en Plestan (Côtes-du-Nord), 7 p.

LENGLIER. — Le calendrier et son histoire, 1 vol.

L'ESTOURBEILLON DE LA GARNACHE (Mis de). — De l'importance des archives particulières des châteaux bretons, 12 p.

Opérations des armées républicaines au pays de Retz en 1793, 16 p.

Le serment de Jean de Lesnérac, meurtrier de Charles de Blois, 17 p.

LEUDUGER-FORTMOREL (D^r). — Les gisements siliceux fossiles de l'Auvergne, 16 p.

Catalogue des diatomées marines de la baie de Saint-Brieuc, 28 p.

LIMUR (Cte de). — Le jade océanien en gisement dans la baie de Roguédas, près Vannes, 1875, 36 p.

LONGUÉCAND. — La tour d'Armor (poésie), 1 vol.

LUZEL. — Chants populaires de la Basse-Bretagne, 1er, 2ème, 4ème et 5ème fasc.

MAITRE (Léon) (Archiviste de la Loire-Inférieure). — Essai sur l'histoire de la ville et du comté de Nantes, 1 vol.

MAMESSIER. — Parenté de la bienheureuse Marguerite-Marie Alacoque, 1 vol.

MANUSCRITS des bibliothèques publiques de France, catalogue général, T. IV et X, 2 vol.

MARCHAND (Henri). — Tu seras agriculteur, 1 vol.

MARTIN (Henri) (Membre de l'Institut). — Le mystère des bardes de l'ile de Bretagne, 39 p.

MARTINAUD et RIETSCH. — Amélioration des cidres, des poirés et de l'hydromel par les levures sélectionnées, 11 p.

MAZARD (H.-A.) (Correspondant de la commission de topographie des Gaules). — Essai sur les chars gaulois de la Marne, 35 p.

MÉLINE contre Léon Say, 1891, in-12, 12 p.

MERIDEN SCIENTIFIC ASSOCIATION (U. S.). — (Transactions of the), T. V, 52 p.

MICAULT (Ernest). — Concours agricole ouvert par la Société d'Emulation dans le département des Côtes-du-Nord (Rapport), 33 p.

De l'introduction de la culture de la betterave à sucre dans les Côtes-du Nord, 16 p.

Expériences poursuivies par la Société d'Emulation des Côtes-du-Nord (Rapport), 11 p.

MIÉGEVILLE. — Les assurances contre la mortalité du bétail, 42 p.

MOISSONNEUSES, faucheuses et rateaux à cheval en 1873. — Rapport publié par le comice agricole de Chinon, 1 vol.

MONUMENTS HISTORIQUES DU MORBIHAN jugés dignes par la Société Polymatique d'être conservés, 1854 (Catalogue des,) 47 p.

MOREAU (Auguste). — Prorogation du privilège de la Banque de France, 1 vol.

MORTILLET (Gabriel de) (Président de la sous-commission des monuments mégalithiques). — — L'Homme, journal d'anthropologie illustré. 1884-1888, 4 vol.

Origine du bronze, 16 p.

Chronomètre de Penhouët, 5 p.

Le coup de poing ou instrument primitif, 3 p.

Réforme de la chronologie, 8 p.

Animal gravé sur une table de dolmen, 4 p.

Commission de l'ethnologie de France, 4 p.

Fouilles des dolmens de Montaubert et de Noguiès (Aveyron), 16 p.

Anthropologie de la Haute-Savoie avec planches, 11 p.

Sur l'origine des animaux domestiques, 15 p.

Le musée de l'école d'anthropologie en 1893, 4 p.

Monuments mégalithiques des Hautes-Alpes et de l'Isère, 4 p.

Habitations de l'âge de bronze, Terramares, 15 p.

L'anthropopithèque, 18 p.

Cachette de bronze de Fouilloy (Oise), 15 p.

Station paléolithique sous-marine du Havre, 12 p.

Présentation de fusaïoles, 2 p.

Terrasse inférieure de Villefranche-sur-Saône, 6 p.

Origines de la navigation et de la pêche, 48 p.

Excursion en Belgique. Cours d'anthropologie préhistorique, 19 p.

Empoisonnement des armes, 10 p.

Les mottes, 23 p.

Les potiers allobroges avec planches, gr. in-4°, 39 p.

MUSÉE ARCHÉOLOGIQUE. — T. I et II (incomplets).

NICAISE. — L'archéologie devant l'histoire et l'art, 16 p.

Découvertes faites à Saint-Memmie et à Châlons-sur-Marne. Époque gallo-romaine et XIIIème siècle, 17 p.

La grotte-dolmen, dite la Garenne-de-Verneuil (Marne), 3 p.

L'époque du bronze dans le département de la Marne, 18 p.

OLLIVIER (Louis) Avocat à Guingamp. — Les garanties politiques nécessaires, 1 vol.

Une nouvelle solution de la question romaine, 46 p.

OLLIVIER (Adolphe). — La Croix-Tarquin, 15 p.

OPPERT (Jules). — Histoire des empires de Chaldée et d'Assyrie d'après les monuments, 1 vol.

PALLU (Alphonse). — L'éducation paternelle. Projet d'un établissement à fonder au Vésinet, avec plans, 29 p.

PARIS (Gaston). — Les parlers de France, 13 p.

PELAUD (Ingénieur en chef des ponts et chaussées). — Notice sur les ports des baies de Saint-Brieuc et du Guildo, 1 vol.

PENQUER (Mme). — Les chants du foyer, 1 vol.
Révélations poétiques, 1 vol.
Velléda (poème), 1 vol.
A M. Caro, 4 p.

PÉZERIL (Sous-intendant militaire). — Esquisse de droit pénal à l'usage des candidats aux emplois supérieurs de l'administration de la guerre, 1877, 58 p.

PICHE (Albert) (Secrétaire de la commission météorologique des Basses-Pyrénées). — Etat de la météorologie française, 1876, 14 p.

PIETTE. — Vestiges de la période de transition dans la grotte du Mas-d'Azil, 44 p.

PINGAUD (L.), à Besançon. — L'amiral Jean de Vienne, 32 p.

POCARD-KERVILER (R.) (Ingénieur en chef des ponts et chaussées). — César et les Vénètes, in-16, 21 p.
Les chaires extérieures, 20 p.
Le chronomètre préhistorique de Saint-Nazaire, 20 p.

POTIER DE COURCY (Pol). — Dictionnaire héraldique de Bretagne, 1 vol.

PREVOST (capitaine du génie). — Recherches sur le blocus d'Alésia, 1 vol.

QUELLIEN (N.). — L'argot des nomades en Basse-Bretagne, 1 vol.

QUERNEST (Juge de paix). — Usages et règlements locaux ayant force de loi dans le département d'Ille-et-Vilaine, 1 vol.
De verborum significatione, 1 vol.

QUESTION (Une) de salut national, 1891, in-12, 7 p.

QUESTION (La) du blé, 1891, in-12, 10 p.

RACINET (D^r). — De l'emploi et des effets des engrais chimiques dans les terres arables de Bretagne, 12 p.

RAPPORTS au Ministre et arrêtés (Ministère de l'Instruction publique). 36 p.

RENAULT (Bernard). — Recherches sur la structure et les affinités botaniques des végétaux silicifiés recueillis aux environs d'Autun et de Saint-Etienne (Société Eduenne), 1 vol.

REVUE agricole et vétérinaire de Bretagne (M. Tanguy), n° 1, 1879, 16 p.

REVUE ARCHÉOLOGIQUE. — Nouvelle série, T. XXV à LXII, 1873 à 1882 ; (T. XXVII, XXXIV et XXXIX incomplets) ; 3ᵉ série, T. I et II, 1883 ; 20 vol.

Id.   D'ALSACE. — Nouvelle série, T. VIII, 1879, 1ᵉʳ semestre, IV.

Id.   CELTIQUE. — T. I et II (III incomplet).

Id.   DE L'ARMORIQUE, 1842-44, 4 vol.

Id.   DES COURS LITTÉRAIRES, 1867 à 1870, 7 vol.

Id.   SCIENTIFIQUE. — 1ʳᵉ série, 1867 à 1870 ; 2ᵉ série, 1871 à 1880 (incomplète) ; 3ᵉ série, 1881 et 1882 ; 26 vol.

Id.   GÉNÉRALE. — T. XXXV, janv. 1882, 1 vol.

REVUE DE LA SOCIÉTÉ LITTÉRAIRE, historique et archéologique du département de l'Ain. Années 1876 à 1888 (1878 et 1883 incomplètes).

REVUE DES TRADITIONS POPULAIRES de la France.

REY-PAILHADE (J. DE) (Ingénieur civil des mines). — Le temps décimal, 32 p.

RIALLAN. — Découvertes archéologiques dans le Morbihan en 1884 et 1885, 35 p.

RICHARD. — De l'étude de la comptabilité dans l'enseignement primaire, 13 p.

RIVET. — Le traitement des bois en France, in-18, 8 p.

ROBERT (CHARLES). — Monnaies contomiales, avec planches, 8 p.

ROBINOT-BERTRAND. — La légende rustique (poëme), 1 vol.

ROGET DE BELLOGUET. — Ethnologie gauloise, 1 vol.

RONDELET (ANTONIN). — La vie dans le mariage, 1 vol.

ROULLEAUX (EUGÈNE). — Le paon de Bréhat, 1 vol.
Un chapitre de roman à la Grande-Chartreuse, 40 p.
Les poésies posthumes de Pommier-Lacombe, 16 p.

ROUSSE (JOSEPH). — Poésies bretonnes, 1 vol.

ROUSSELOT (Inspecteur de l'instruction primaire. — Petite géographie des Côtes-du-Nord, 1 vol.

SAINTE-MARIE (DE). — Les ruines de Carthage, 36 p.

SAUVAGE (DE). — Comptabilité agricole : Livre des auxiliaires. Journal. Grand livre.

SÉBERT (THÉODOSE). — Eclairage au gaz. — Rapport au conseil municipal, 16 p.

SÉBILLOT (Paul).— Questionnaire des croyances, légendes et supers-
tions de la mer, in-32, 20 p.

Sur les limites du breton et du français et les limites des dialectes
bretons, 8 p.

La langue bretonne, 29 p.

Traditions de la Haute-Bretagne, 41 p.

Revue des traditions populaires. Divers.

SÉVERIN (Jules). — La crise monétaire. causes de toutes les crises.
in-18, 52 p.

SÉVERIN DE LA CHAPELLE (Louis-Ollivier). — Etude de la représentation proportionnelle, 23 p.

Lettre sur la vérification des pouvoirs des assemblées publiques.
13 p.

Essai d'une réforme parlementaire, 23 p.

Complément de l'essai d'une réforme parlementaire, 13 p.

La loi du nombre, la loi du renoncement chrétien et la loi politique.
43 p.

La liste fractionnaire et les listes concurrentes entières comparées.
33 p.

Règlement intérieur d'une assemblée politique rationnelle de six
cents membres, 36 p.

SICARD (Dr Adrien).— Etude sur le lait naturel et les laits médicamen-
teux, 16 p.

SIRODOT (Doyen de la Faculté des Sciences de Rennes.—Observations
sur le développement des algues d'eau douce composant le genre
batrachospermum, 18 p.

Observations sur les phénomènes essentiels de la fécondation chez
les algues d'eau douce du genre batrachospermum (1ère et
2ème note), 8 p.

SMITHSONIAN REPORT, années 1880 à 1886.

SOCIÉTÉ ACADÉMIQUE FRANCO-ESPAGNOLE-PORTUGAISE, années
1880 à 1890, 10 vol.

SOCIÉTÉ ACADÉMIQUE INDO-CHINOISE DE FRANCE (Mémoires de la
T. I. 1877-78, 1 vol.

SOCIÉTÉ D'AGRICULTURE DE L'ARRONDISSEMENT DE BREST (Bulletins de la), 1862 et 63, 2 vol.

SOCIÉTÉ D'AGRICULTURE, SCIENCES ET ARTS DE LA SARTHE
(Bulletins de la), années 1875 à 1878. 1879 incomplètes, 5 vol.

SOCIÉTÉ D'ANTHROPOLOGIE DE PARIS. Mémoires, T. I, 1er fasc., bulletins. T. I.

SOCIÉTÉ D'ARCHÉOLOGIE, SCIENCES, LETTRES et ARTS DU DÉPAR-TEMENT DE SEINE-ET-MARNE (Bulletins de la), 1ère année, 1865. 1 vol.

SOCIÉTÉ DÉPARTEMENTALE D'ARCHÉOLOGIE ET DE STATISTIQUE DE LA DROME (Bulletins de la), 4ème année, 1869, 14ème livr. 1 vol.

SOCIÉTÉ IMPÉRIALE ZOOLOGIQUE D'ACCLIMATATION (Bulletins de la), 1ère série, T. VIII, IX et X, incomplets ; 2ème série, T. I et II incomplets, 5 vol.

SOCIÉTÉ DES LETTRES SCIENCES ET ARTS DES ALPES-MARI-TIMES (Annales de la), T. I, 1 vol.

SOCIÉTÉ LIBRE D'AGRICULTURE, SCIENCES, ARTS ET BELLES-LETTRES DE L'EURE. Concours de 1874 à Thiberville, 64 p.

SOCIÉTÉ LITTÉRAIRE SCIENTIFIQUE ET ARTISTIQUE D'APT (Procès-verbaux des séances de la), 2ème série, T. III, 1 vol.

SOCIÉTÉ LITTÉRAIRE ET SCIENTIFIQUE DE CASTRES (Procès-verbaux), 5ème année, 1862, 1 vol.

SOCIÉTÉ DE MÉDECINE DE BESANÇON, 2ème série, 1873 à 1878, no 4. 81 p.

SOCIÉTÉ MÉDICALE D'INDRE-ET-LOIRE (Recueil des travaux) 1870 à 1871 (1867, 1872 et 1873 incomplets).

SOCIÉTÉ NIÇOISE DES SCIENCES NATURELLES ET HISTORIQUES (Bulletins de la) T. IV, 1879, 1 vol.

SOCIÉTÉ OSTRÉICOLE DU BASSIN D'AURAY, no 15, 1884, 28 p.

SOCIÉTÉ PHILOTECHNIQUE (Annales de la), années 1867 à 1875, 8 v.

SOCIÉTÉ DE SECOURS DES AMIS DES SCIENCES (Comptes-rendus) années 1884 à 1895, 5 vol.

SOCIÉTÉ DES SCIENCES ET ARTS AGRICOLES ET HORTICOLES DU HAVRE, 1879 à 1881 (1882 incomplet), 12 fasc.

SOCIÉTÉ DES SCIENCES ET LETTRES DE LOIR-ET-CHER (Bulletins de la), T. I, 1ère livr., 1870.

SOCIÉTÉ DES SCIENCES NATURELLES DE CHERBOURG (Comptes-rendus), 1867, 40 p.

SOCIÉTÉ DES SCIENCES NATURELLES DE SAONE-ET-LOIRE (Bulletins de la), 21ème année, 1895.

SOCIÉTÉ ZOOTECHNIQUE DE SEINE-ET-OISE (Bulletins de la), 4 fasc., 1864-65.

SYNDICATS AGRICOLES. — Annuaire 1890-91.

MONITEUR. — Années 1886-1887 (1889 incomplète), 1890 et 1891, 6 vol.

TACHET DE BARNEVAL (Professeur au lycée de Douai). — Histoire légendaire de l'Irlande, 1 vol.

TASLÉ, père. — Catalogue raisonné des mammifères, oiseaux et reptiles observés dans le département du Morbihan, 48 p.

TESSON (ALFRED DE) (Capitaine de frégate). — Beaubois et ses seigneurs, 19 p.

THÉRAPEUTIQUE (Bulletin général de), 1889, n° 42, 47 p.

THOMEREAU (ALFRED). — Quelles sont les limites de l'intervention de l'Etat en matière d'assurances ? in-18, 34 p.

THUOT. — Forteresses vitrifiées de la Creuse, 23 p.

TONKIN financier (Le). — Son avenir, 53 p.

TORTELIER (HENRI). — Le mouvement syndical agricole en France et dans les départements bretons, 38 p.

TRÉVÉDY (J.) (Ancien Président du tribunal civil de Quimper). — La maison natale du docteur Laënnec. Une lettre inédite de Laënnec, 32 p.

Notice sur les nécrologes du couvent de Saint-François, de Quimper. 48 p.

Marie Tromel, dite Marion du Faouët, 1740-1751, 76 p.

Les caqueux devant le sénéchal de Quimper en 1667, 24 p.

Jean Beaujoüan, procureur du roi à Quimper, 1640, 44 p.

Promenade dans Quimper d'après le plan de 1764, 1 vol.

Les Sept-Iles (C.-du-N.) et les perroquets de mer, 16 p.

Le groupe équestre de Guélen (commune de Briec), 27 p.

Les ambassadeurs de Siam à Quimper (1686-1687), 29 p.

Thèse illustrée du collège des Jésuites à Quimper (1752), 15, p.

Les finances de la ville de Quimper (1668 à 1681), 24 p.

Le groupe équestre de Saint-Mathieu, à Plouaret (C.-du-N.), 20 p.

L'artillerie de Quimper depuis 1493, 15 p.

L'Usement de Rohan en vers français et latins, par Barthélemy Georgelin, 7 p.

Derniers débris du couvent de Saint-François de Quimper, 16 p.

Le docteur Laënnec fut-il élève du collège de Quimper ? 16 p.

Le rôle de la capitation de 1750 pour la ville de Quimper, 39 p.

Promenade au manoir de Pratanroux et au manoir de Pratanros (Penhars), 58 p.

Un patriote breton au XVème siècle, 31 p.

La cathédrale de Quimper a-t-elle été reconstruite ? 16 p.

Promenade aux manoirs de Troheïr, Kerpaën, les Salles et le Parc (Kerfeunteun), 53 p.

Lettres sur la baronnie de Pont-l'Abbé, 56 p.

Seigneurs nobles et seigneurs roturiers, 37 p.

Ce qui reste des anciens nécrologes du couvent de Saint-François de Quimper, 36 p.

Erquy et Pléneuf, d'après le dictionnaire d'Ogée, 25 p.

Le lycée de Quimper et l'église de Loctudy, 10 p.

Le Papegaut de Carhaix, 19 p.

Voyage dans le département actuel des Côtes-du-Nord (1775 et 1785), 30 p.

Voyage d'Ambroise Paré en Bretagne, 18 p.

Ambroise Paré est-il mort catholique ? 33 p.

Le couvent de Saint-François de Quimper, 38 p.

Fous, folles et astrologues à la cour de Bretagne, 14 p.

Voyage dans le département actuel du Finistère (1775 et 1785), 35 p.

Pêcheries et sécheries de Léon et de Cornouailles, 48 p.

Siège de Concarneau (1619), 31 p.

Portraits d'Alain Fergent et d'Ermangarde, 15 p.

Le centenaire Jean Causeur, 31 p.

Organisation judiciaire de la Bretagne avant 1790, 90 p.

Théophile-Marie Laënnec, 41 p.

Des gens infâmes selon la très ancienne coutume de Bretagne, 53 p.

Histoire du roman de Perrinaïc, de M. Quellien, 40 p.

La pierre sculptée du Rillan (Un Dieu au maillet), 23 p.

Deux ordonnances de police à Quimper (1404 et 1719), série grand in-8°, 38 p.

Michel Laënnec et l'éloquence académique à Quimper au dernier siècle, 21 p.

Un sénéchal de Corlay, correspondant de Voltaire, 80 p.

Monseigneur Nouvel, évêque de Quimper et Léon, 11 p.

Le marquis de Plœuc, 8 p.

L'élégie de M. de Névet (critique), 23 p.

A propos du château de Ranrouët (Loire-Inférieure), 24 p.

Fréron et sa famille, 30 p.

La seigneurie et les seigneurs de Guémadeuc, en Pléneuf (C.-du-N.). 49 p.

Sergents féodés, sergents généraux et d'armes, 41 p.

Catalogue des objets échappés au vandalisme dans le Finistère, par Cambry (introduction), 22 p.

La pêche de la sardine en Bretagne au dernier siècle, 25 p.

Le cavalier et l'anguipède, 26 p.

Observations sur l'ouvrage intitulé « Le litttoral de la France », 36 p.

Marion du Faouët, chef de voleurs (1715-1755), 72 p.

Jehan Meschinot, poète d'Anne de Bretagne, 19 p.

Les grands-écuyers héréditaires de Bretagne, 43 p.

Le déluge de Châtelaudren en 1773, 47 p.

Le siège de Crozon (1494), 97 p.

Julienne Cuquemelle, 31 p.

Les papegauts de Bretagne et spécialement le papegaut de Quimper, 48 p.

Royou-Guermeur, 52 p.

François de la Couldraye, sénéchal d'Hennebont, 36 p.

La tour de Cesson et le fort de Saint-Brieuc, 96 p.

Le roman de Perrinaïc. Réponse à M. Quellien (1ère partie), 30 p.

La comtesse de Nantois, dite la Muse bretonne, 89 p.

Les deux fédérations de Pontivy, 104 p.

Compagnie d'assurances contre les erreurs historiques, 16 p.

Histoire militaire de Redon, 1 vol.

L'armée royale en Bretagne (1595-1610), in-8°, 63 p.

Lettres sur la géographie et l'histoire de la Bretagne et du Finistère, in-12, 64 p.

Nouvelles lettres sur la géographie et l'histoire de la Bretagne et du Finistère, in-12, 14 p.

L'acte de baptême de Fréron, 8 p.

TROGUINDY (Cte DE). — Mémoire sur le domaine de Brohet-Beffou, 1 vol.

VOILAS-PORZOU (Cte DE). — Rébecca et souvenirs de Bretagne.

VIGER (ALBERT). — Deux années au Ministère de l'Agriculture, 1 vol.

VILLE (GEORGES). — Les champs d'expériences à l'école primaire, 19 p.

Premier rapport sur les champs d'expériences scolaires, 30 p.

Deuxième rapport sur les champs d'expériences scolaires, 46 p.